人生論ノート

PART

1

三木清・著
大川裕弘・写真
谷村鯛夢・編

成功と幸福とは同じものではない
幸福は力である
幸福は人格である

◆本書について――

谷村鯛夢（出版プロデューサー・俳人）

哲学者の言葉は、めんどくさいが頼りになる。

確かにちょっと難解、かもしれないが、一生ものになる「お気に入りの一節」に出会えるかもしれない。

それが、「難解」を乗り越えて、本書をロングセラーの「名著」に導いた秘密だと言えるのではないか。

明治の後期、日清戦争と日露戦争の間に三木清は生まれた。

そして、大正期に京都帝国大学に進み、「西田哲学」西田幾多郎の薫陶を受け、ドイツに留学しては新カント派、ハイデッガーに学び、パリにおいてはパスカルを研究する。帰国後は、「想像すること」を基本に、ヒューマニズム、人間学を考えた。

そうした人物が書く、人生の諸相についての哲学エッセーが難解でないわけがない。何かの取り扱い説明書のように、平明だが無味乾燥な文章になるはずがない。

あるいは、戦時中の軍部・保守派による言論弾圧、出版禁止を避けるために、わざと難解な文章にした、という説もある。

いずれにせよ、日中戦争から第二次世界大戦に向かう昭和前期の日本の「軍国主義」の社会情勢の中で書かれた三木清の『人生論ノート』は、確かに難解なものとなった。

しかし、ではなぜ、そのような難解なエッセーが戦後数十年にわたって若者を中心に読みつがれているのか。超のつくほどのロングセラーになっているのか。

それは、ここまでしなくてもと思うようなめんどうくさい文章展開の中に、ときにズシンと、ときにしみじみと読者の胸奥に響くフレーズがちりばめられているからではないだろうか。

そして、いかなる場合においても「人間再生」の根本は「想像力」であり、それは人間しか持たない能力であり、また、それなしでは生きていけないものである、という命がけのメッセージが読者の胸に突き刺さるからではないだろうか。

確かに「難しくて読み進められない」という声はある。さらに、放っておいても難しくなりがちな哲学的な文章を、わざとかと思えるほど段落なしで続けているようにも思える。弾圧を避けるために、意図的に分かりにくくした、という説もうなずけるような気がするほどである。

その点で、編集者はふと思う。もし、もう少し段落がついた文章だったらどうだろう、と。少なくとも、もう少しは読み進めやすくなったのではないか。分かりやすくなったのではないか。

そうした思いの中で、本書の編集担当者はその責任において、新たに改行を増やしてみた。

そのことで、平和な時代の読者が戦時中に発した三木の渾身のメッセージを一つでも二つでも多く受け止めることができたら、それは三木も喜んでくれるのではないか。

「玉音放送」というなんともふしぎなメッセージによって悲惨な戦争が終わったというのに、その後一か月も獄中に置かれたまま、全身を苛むような痛ましい病気によって獄死した三木清に、21世紀の編集者のこの無謀な試みについて許しを請うばかりである。

目次

＊　本書は、岩波書店『三木清全集 第一巻』三木清著（１９６６年10月17日発行）の本文を底本としています。文字づかいについては、基本的に漢字、送り仮名は底本に従っていますが、現代の読者の用に鑑み、適宜常用漢字、現代かなづかいに改め、また適宜ルビを入れています。

本文中に（）をもって挿入している註釈には※をつけています。

＊　本書は『人生論ノート』の前半11題を掲載しています。

＊　本書では、現代の人にとって読みやすくする意図のもと、底本に適宜、新たに改行を増やしております。

死について

近頃私は死というものをそんなに恐しく思わなくなった。年齢のせいであろう。以前はあんなに死の恐怖について考え、また書いた私ではあるが。

思いがけなく来る通信に黒枠のものが次第に多くなる年齢に私も達したのである。この数年の間に私は一度ならず近親の死に会った。そして私はどんなに苦しんでいる病人にも死の瞬間には平和が来ることを目撃した。

墓に詣《もう》でても、昔のように陰惨な気持になることがなくなり、墓場をフリードホーフ（平和の庭――但《ただ》し語原学には関係がない）と呼ぶことが感覚的な実感をぴったり言い表わしていることを思うようになった。
私はあまり病気をしないのであるが、病床に横になった時には、不思議に心の落着きを覚えるのである。病気の場合のほかは、真実に心の落着きを感じることができないというのは、現代人の一つの顕著《けんちょ》な特徴、すでに現代人に極めて特徴的な病気の一つである。

実際、今日の人間の多くはコンヴァレサンス（病気の恢復《かいふく》）としてしか健康を感じることができないのではなかろうか。これは青年の健康感とは違っている。恢復期の健康感は自覚的であり、不安定である。健康というのは元気な若者においてのように自分が健康であることを自覚しない状態であるとすれば、これは健康ということもできぬようなものである。

すでにルネサンスにはそのような健康がなかった。ペトラルカなどが味わったのは病気恢復期の健康である。そこから生ずるリリシズム（※抒情性、抒情詩風）がルネサンス的人間を特徴附けている。だから古典を復興しようとしたルネサンスは古典的であったのではなく、むしろ浪漫的であったのである。新しい古典主義はその時代において新たに興《おこ》りつつあった科学の精神によってのみ可能であった。ルネサンスの古典主義者はラファエロでなくてリオナルド・ダ・ヴィンチであった。

健康が恢復期の健康としてしか感じられないところに現代の根本的な抒情的《じょじょう》、浪漫的性格がある。いまもし現代が新しいルネサンスであるとしたなら、そこから出てくる新しい古典主義

そして私は
どんなに苦しんでいる病人にも
死の瞬間には平和が来ることを目撃した。

の精神は如何《いか》なるものであろうか。

愛する者、親しい者の死ぬることが多くなるに従って、死の恐怖は反対に薄らいでゆくように思われる。生れてくる者よりも死んでいった者に一層近く自分を感じるということは、年齢の影響に依《よ》るであろう。

三十代の者は四十代の者よりも二十代の者に、しかし四十代に入った者は三十代の者よりも五十代の者に、一層近く感じるであろう。

四十歳をもって初老とすることは東洋の智慧《ちえ》を示している。それは単に身体の老衰を意味するのでなく、むしろ精神の老熟を意味している。この年齢に達した者にとっては死は慰めとし

今日の人間の多くは
コンヴァレサンス（病気の恢《かい》復《ふく》）としてしか
健康を感じることが
できないのではなかろうか。

てさえ感じられることが可能になる。

死の恐怖はつねに病的に、誇張して語られている、今も私の心を捉《とら》えて離さないパスカルにおいてさえも。

真実は死の平和であり、この感覚は老熟した精神の健康の徴表《ちょうひょう》である。どんな場合にも笑って死んでゆくという支那人は世界中で最も健康な国民であるのではないかと思う。

ゲーテが定義したように、浪漫主義というのは一切の病的なもののことであり、古典主義というのは一切の健康なもののことであるとすれば、死の恐怖は浪漫的であり、死の平和は古典的であるということもできるであろう。死の平和が感じられるに至って初めて生のリアリズムに達するともいわれるであろう。

支那人が世界のいずれの国民よりもリアリストであると考えら

れることにも意味がある。われ未《いま》だ生を知らず、いずくんぞ死を知らん、といった孔子の言葉も、この支那人の性格を背景にして実感がにじみ出てくるようである。

パスカルはモンテーニュが死に対して無関心であるといって非難したが、私はモンテーニュを読んで、彼には何か東洋の智慧に近いものがあるのを感じる。最上の死は予《あらかじ》め考えられなかった死である、と彼は書いている。支那人とフランス人との類似はともかく注目すべきことである。

死について考えることが無意味であるなどと私はいおうとしているのではない。死は観念である。そして観念らしい観念は死の立場から生れる、現実或《あ》るいは生に対立して思想といわれるような思想はその立場から出てくるのである。生と死とを鋭い対立において見たヨーロッパ文化の地盤——そこにはキリスト教の深い影響がある——において思想というものが作られた。

これに対して東洋には思想がないといわれるであろう。もちろん此処《ここ》にも思想がなかったのではない、ただその思想というものの意味が違っている。西洋思想に対して東洋思想を主張しようとする場合、思想とは何かという認識論的問題から吟味してかかることが必要である。

私にとって死の恐怖は如何にして薄らいでいったか。自分の親しかった者と死別することが次第に多くなったためである。もし私が彼等と再会することができる——これは私の最大の希望である——とすれば、それは私の死においてのほか不可能であろう。

仮に私が百万年生きながらえるとしても、私はこの世において再び彼等と会うことのないのを知っている。そのプロバビリティ（※確率。見込み）は零《ゼロ》である。私はもちろん私の死において彼等に会い得ることを確実には知っていない。しかしそのプロバビリティが零であるとは誰も断言し得ないであろう、死者の国から帰ってきた者はないのであるから。

二つのプロバビリティを比較するとき、後者が前者よりも大きいという可能性は存在する。もし私がいずれかに賭《か》けねばならぬとすれば、私は後者に賭けるのほかないであろう。

仮に誰も死なないものとする。そうすれば、俺だけは死んでみせるぞといって死を企てる者がきっと出てくるに違いないと思う。人間の虚栄心は死をも対象とすることができるまでに大きい。そのような人間が虚栄的であることは何人も直ちに理解して嘲笑《ちょうしょう》するであろう。しかるに世の中にはこれに劣らぬ虚栄の出来事が多いことにひとは容易に気附かないのである。

執着する何ものもないといった虚無の心では人間はなかなか死ねないのではないか。執着するものがあるから死に切れないということは、執着するものがあるから死ねるということである。深く執着するものがある者は、死後自分の帰ってゆくべきところをもっている。それだから死に対する準備というのは、

愛する者、親しい者の
死ぬることが多くなるに従って、
死の恐怖は反対に薄らいでゆくように
思われる。

どこまでも執着するものを作るということである。私に真に愛するものがあるなら、そのことが私の永生《えいせい》を約束する。

死の問題は伝統の問題につながっている。死者が蘇《よみがえ》りまた生きながらえることを信じないで、伝統を信じることができるであろうか。

蘇りまた生きながらえるのは業績であって、作者ではないといわれるかも知れない。しかしながら作られたものが作るものよりも偉大であるということは可能であるか。

原因は結果に少くとも等しいか、もしくはより大きいというのが、自然の法則であると考えられている。その人の作ったものが蘇りまた生きながらえるとすれば、その人自身が蘇りまた生きながらえる力をそれ以上にもっていないということが考えられ得るであろうか。

もし我々がプラトンの不死よりも彼の作品の不滅を望むとすれば、それは我々の心の虚栄を語るものでなければならぬ。しんじつ我々は、我々の愛する者について、その者の永生より以上にその者の為《な》したことが永続的であることを願うであろうか。

原因は少くとも結果に等しいというのは自然の法則であって、歴史においては逆に結果はつねに原因よりも大きいというのが法則であるといわれるかも知れない。もしそうであるとすれば、それは歴史のより優越な原因が我々自身でなくて我々を超えたものであるということを意味するのでなければならぬ。

この我々を超えたものは、歴史において作られたものが蘇りまた生きながらえることを欲して、それを作るに与《あずか》って原因であったものが蘇りまた生きながらえることは決して欲しないと考えられ得るであろうか。

もしまた我々自身が過去のものを蘇らせ、生きながらえさせるのであるとすれば、かような力をもっている我々にとって作られたものよりも作るものを蘇らせ、生きながらえさせることが一層容易でないということが考えられ得るであろうか。

私はいま人間の不死を立証しようとも、或いはまた否定しようともするのではない。私のいおうと欲するのは、死者の生命を考えることは生者の生命を考えることよりも論理的に一層困

死に対する準備というのは、
どこまでも執着するものを
作るということである。

難であることはあり得ないということである。

死は観念である。それだから観念の力に頼って人生を生きようとするものは死の思想を摑《つか》むことから出発するのがつねである。すべての宗教がそうである。

伝統の問題は死者の生命の問題である。それは生きている者の生長の問題ではない。通俗の伝統主義の誤謬《ごびゅう》――この誤謬はしかしシェリングやヘーゲルの如《ごと》きドイツの最大の哲学者でさえもが共にしている――は、すべてのものは過去から次第に生長してきたと考えることによって伝統主義を考えようとするところにある。

かような根本において自然哲学的な見方からは絶対的な真理

であろうとする伝統主義の意味は理解されることができぬ。

伝統の意味が自分自身で自分自身の中から生成するもののうちに求められる限り、それは相対的なものに過ぎない。絶対的な伝統主義は、生けるものの生長の論理でなくて死せるものの生命の論理を基礎とするのである。

過去は死に切ったものであり、それはすでに死であるという意味において、現在に生きているものにとって絶対的なものである。

半ば生き半ば死んでいるかのように普通に漠然と表象されている過去は、生きている現在にとって絶対的なものであり得ない。過去は何よりもまず死せるものとして絶対的なものである。

この絶対的なものは、ただ絶対的な死であるか、それとも絶対的な生命であるか。死せるものは今生きているもののように生長することもなければ老衰することもない。そこで死者の生命が信ぜられるならば、それは絶対的な生命でなければならぬ。

この絶対的な生命は真理にほかならない。従って言い換えると、過去は真理であるか、それとも無であるか。伝統主義はまさにこの二者択一に対する我々の決意を要求しているのである。それは我々の中へ自然的に流れ込み、自然的に我々の生命の一部分になっていると考えられるような過去を問題にしているのではない。

かような伝統主義はいわゆる歴史主義とは厳密に区別されねばならぬ。歴史主義は進化主義と同様近代主義の一つであり、それ自身進化主義になることができる。

かような伝統主義はキリスト教、特にその原罪説を背景にして考えると、容易に理解することができるわけであるが、もしそのような原罪の観念が存しないか或いは失われたとすれば如何《ど》であろう《う》。

すでにペトラルカの如きルネサンスのヒューマニストは原罪を原罪としてでなくむしろ病気として体験した。ニーチェはもちろん、ジイドの如き今日のヒューマニストにおいて見出《みいだ》されるのも、同様の意味における病気の体験である。病気の体験が原罪の体験に代ったところに近代主義の始と終がある。

ヒューマニズムは罪の観念でなくて病気の観念から出発するのであろうか。罪と病気との差異は何処《どこ》にあるのであろうか。罪は死であり、病気はなお生であるのか。死は観念であり、病気は経験であるのか。

ともかく病気の観念から伝統主義を導き出すことは不可能である。それでは罪の観念の存しないといわれる東洋思想において、伝統主義というものは、そしてまたヒューマニズムというものは、如何なるものであろうか。問題は死の見方に関《かか》わっている。

私に真に愛するものがあるなら、
そのことが
私の永生《えいせい》を約束する。

死は観念である。
それだから観念の力に頼って
人生を生きようとするものは
死の思想を摑《つか》むことから
出発するのがつねである。
すべての宗教がそうである。

半ば生き半ば死んでいるかのように
普通に漠然と表象されている過去は、
生きている現在にとって
絶対的なものであり得ない。

問題は
死の見方に関《かか》わっている。

幸福について

今日の人間は幸福について殆《ほとん》ど考えないようである。試みに近年現われた倫理学書、とりわけ我が国で書かれた倫理（※人として踏み行うべき道）の本を開いて見たまえ。只《ただ》の一個所も幸福の問題を取扱っていない書物を発見することは諸君にとって甚《はなは》だ容易であろう。

かような書物を倫理の本と信じてよいのかどうか、その著者を倫理学者と認めるべきであるのかどうか、私にはわからない。疑いなく確かなことは、過去のすべての時代においてつねに幸福が倫理の中心問題であったということである。

ギリシアの古典的な倫理学がそうであったし、ストアの厳粛主義の如《ごと》きも幸福のために節欲を説いたのであり、キリスト教においても、アウグスティヌスやパスカルなどは、人間はどこまでも幸福を求めるという事実を根本として彼等の宗教論や倫理学を出立したのである。

幸福について考えないことは今日の人間の特徴である。現代における倫理の混乱は種々に論じられているが、倫理の本から幸福論が喪失したということはこの混乱を代表する事実である。新たに幸福論が設定されるまでは倫理の混乱は救われないであろう。

幸福について考えることはすでに一つの、恐らく最大の、不幸の兆《きざ》しであるといわれるかも知れない。健全な胃をもっている者が胃の存在を感じないように、幸福である者は幸福について考えないといわれるであろう。

しかしながら今日の人間は果して幸福であるために幸福について考えないのであるか。むしろ我々の時代は人々に幸福について考える気力をさえ失わせてしまったほど不幸なのではあるまいか。幸福を語ることがすでに何か不道徳なことであるかのように感じられるほど今の世の中は不幸に充《み》ちているのではあるまいか。しかしながら幸福を知らない者に不幸の何であるかが理解されるであろうか。

今日の人間もあらゆる場合にいわば本能的に幸福を求めているに相違ない。しかも今日の人間は自意識の過剰に苦しむともいわれている。その極めて自意識的な人間が幸福については殆ど考えないのである。これが現代の精神的状況の性格であり、

しかしながら今日の人間は
果して幸福であるために
幸福について考えないのであるか。
むしろ我々の時代は人々に
幸福について考える気力をさえ
失わせてしまったほど
不幸なのではあるまいか。

これが現代人の不幸を特徴附けている。

良心の義務と幸福の要求とを対立的に考えるのは近代的リゴリズム（※厳粛主義）である。これに反して私は考える。今日の良心とは幸福の要求である、と。

社会、階級、人類、等々、あらゆるものの名において人間的な幸福の要求が抹殺《まっさつ》されようとしている場合、幸福の要求ほど良心的なものがあるであろうか。

幸福の要求と結び附かない限り、今日倫理の概念として絶えず流用されている社会、階級、人類、等々も、何等倫理的な意味を有し得ないであろう。或《あ》るいは倫理の問題が幸福の問題から分離されると共に、あらゆる任意のものを倫理の概念として流

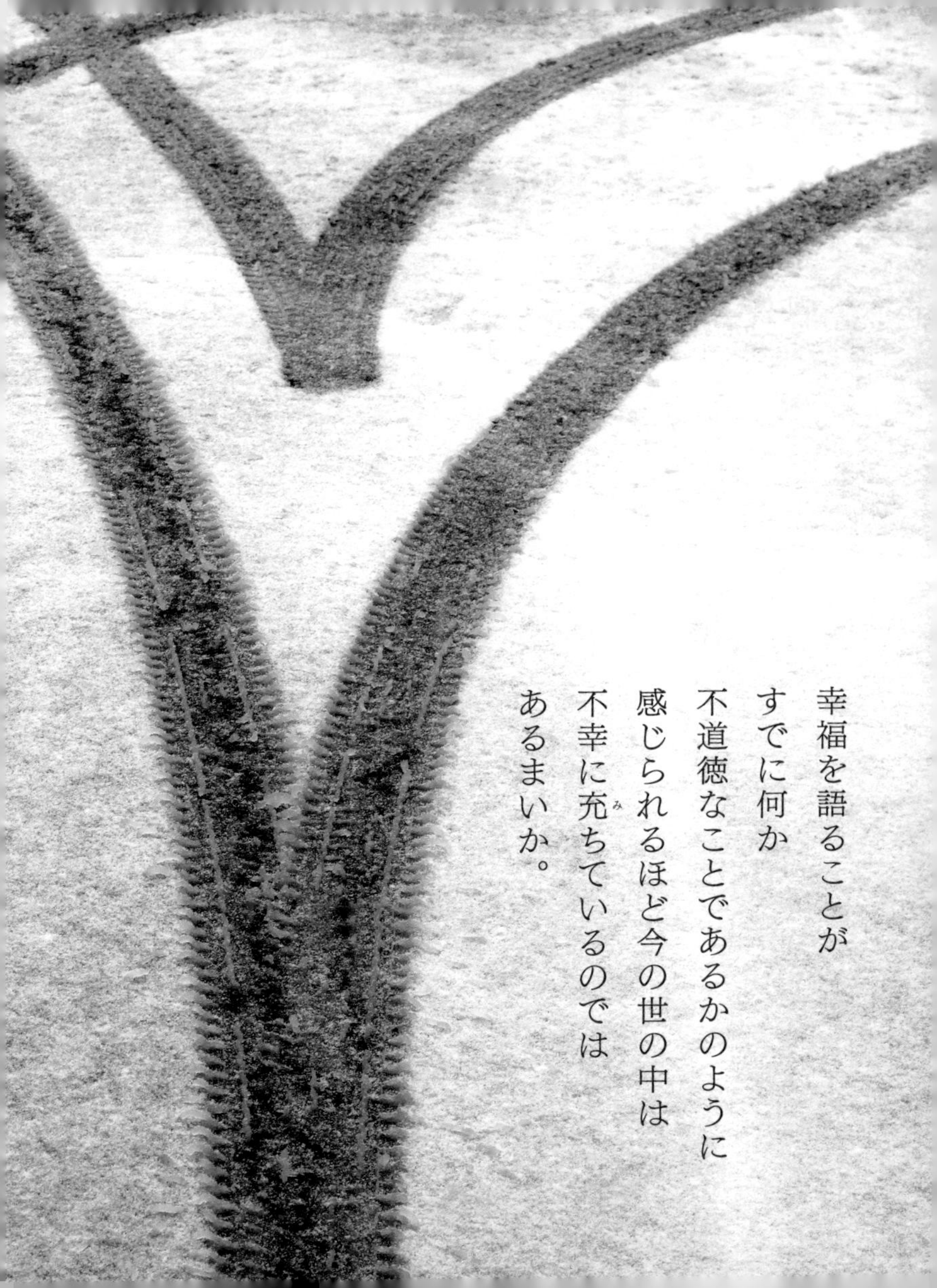

幸福を語ることが
すでに何か
不道徳なことであるかのように
感じられるほど今の世の中は
不幸に充《み》ちているのでは
あるまいか。

用することが可能になったのである。

幸福の要求が今日の良心として復権されねばならぬ。ひとがヒューマニストであるかどうかは、主としてこの点に懸っている。

幸福の問題が倫理の問題から抹殺されるに従って多くの倫理的空語を生じた。例えば、倫理的ということと主体的ということとが一緒に語られるのは正しい。けれども主体的ということも今日では幸福の要求から抽象されることによって一つの倫理的空語となっている。

そこでまた現代の倫理学から抹殺されようとしているのは動機論であり、主体的という語の流行と共に倫理学は却《かえ》って客観論に陥《おちい》るに至った。

幸福の要求がすべての行為の動機であるということは、以前の倫理学の共通の出発点であった。現代の哲学はかような考え方を心理主義と名附けて排斥することを学んだのであるが、そのとき他方において現代人の心理の無秩序が始まったのである。

この無秩序は、自分の行為の動機が幸福の要求であるのかどうかが分らなくなったときに始まった。そしてそれと同時に心理のリアリティが疑わしくなり、人間解釈についてあらゆる種類の観念主義が生じた。

心理のリアリティは心理のうちに秩序が存在する場合にあかしされる。幸福の要求はその秩序の基底であり、心理のリアリティは幸福の要求の事実のうちに与えられている。

幸福論を抹殺した倫理は、一見いかに論理的であるにしても、その内実において虚無主義にほかならぬ。

以前の心理学は心理批評の学であった。それは芸術批評などという批評の意味における心理批評を目的としていた。人間精神のもろもろの活動、もろもろの側面を評価することによってこれを秩序附けるというのが心理学の仕事であった。この仕事において哲学者は文学者と同じであった。

かような価値批評としての心理学が自然科学的方法に基く心理学によって破壊されてしまう危険の生じたとき、これに反抗して現われたのが人間学というものである。

しかるにこの人間学も今日では最初の動機から逸脱して人間

幸福の要求が今日の
良心として復権されねばならぬ。
ひとがヒューマニストであるかどうかは、
主としてこの点に懸っている。

心理の批評という固有の意味を拋棄《ほうき》し、あらゆる任意のものが人間学と称せられるようになっている。

哲学における芸術家的なものが失われてしまい、心理批評の仕事はただ文学者にのみ委《ゆだ》ねられるようになった。そこに心理学をもたないことが一般的になった今日の哲学の抽象性がある。その際見逃してならぬことは、この現代哲学の一つの特徴が幸福論の抹殺と関聯《かんれん》しているということである。

幸福を単に感性的なものと考えることは間違っている。むしろ主知主義（※知性、理性による合理主義）が倫理上の幸福説と結び附くのがつねであることを思想の歴史は示している。幸福の問題は主知主義にとって最大の支柱であるとさえいうことができ

幸福論を抹殺した倫理は、
一見いかに論理的であるにしても、
その内実において
虚無主義にほかならぬ。

る。

もし幸福論を抹殺してかかるなら、主知主義を扼殺《やくさつ》することは容易である。実際、今日の反主知主義の思想の殆どすべてはこのように幸福論を抹殺することから出発しているのである。そこに今日の反主知主義の秘密がある。

幸福は徳に反するものでなく、むしろ幸福そのものが徳である。もちろん、他人の幸福について考えねばならぬというのは正しい。しかし我々は我々の愛する者に対して、自分が幸福であることよりなお以上の善いことを為《な》し得るであろうか。

愛するもののために死んだ故《ゆえ》に彼等は幸福であったのでな

く、反対に、彼等は幸福であった故に愛するもののために死ぬる力を有したのである。日常の小さな仕事から、喜んで自分を犠牲にするというに至るまで、あらゆる事柄において、幸福は力である。徳が力であるということは幸福の何よりもよく示すところである。

死は観念である、と私は書いた。これに対して生は何であるか。生とは想像である、と私はいおうと思う。いかに生の現実性を主張する者も、飜《ひるがえ》ってこれを死と比較するとき、生がいかに想像的なものであるかを理解するであろう。想像的なものは非現実的であるのでなく、却って現実的なものは想像的なものであるのである。現実は私のいう構想力(想像力)の論理に従っている。

人生は夢であるということを誰が感じなかったであろうか。それは単なる比喩《ひゆ》ではない、それは実感である。この実感の根拠が明かにされねばならぬ、言い換えると、夢或いは空想的なものの現実性が示されなければならない。その証明を与えるものは構想力の形成作用である。生が想像的なものであるという意味において幸福も想像的なものであるということができる。

人間を一般的なものとして理解するには、死から理解することが必要である。死はもとより全く具体的なものである。しかしこの全く具体的な死はそれにも拘《かかわ》らず一般的なものである。「ひとは唯《ただ》ひとり死ぬるであろう」、とパスカルはいった。各人がみな別々に死んでゆく、けれどもその死はそれにも拘らず死として一般的なものである。人祖アダムという思想はここに根拠をもっている。

死の有するこの不思議な一般性こそ我々を困惑させるものである。死はその一般性において人間を分離する。ひとびとは唯ひとり死ぬる故に孤独であるのではなく、死が一般的なものである故にひとびとは死に会って孤独であるのである。私が生き残り、汝《なんじ》が唯ひとり死んでゆくとしても、もし汝の死が一般的なものでないならば、私は汝の死において孤独を感じないであろう。

しかるに生はつねに特殊的なものである。一般的な死が分離するに反して、特殊的な生は結合する。死は一般的なものという意味において観念と考えられるに対して、生は特殊的なものという意味において想像と考えられる。我々の想像力は特殊的なものにおいてのほか楽しまない。（芸術家は本性上多神論者である）。

もとより人間は単に特殊的なものでなく同時に一般的なものである。しかし生の有する一般性は死の有する一般性とは異っている。死の一般性が観念の有する一般性に類するとすれば、生の一般性は想像力に関わるところのタイプの一般性と同様のものである。

個性とは別にタイプがあるのでなく、タイプは個性である。死そのものにはタイプがない。死のタイプを考えるのは死をなお生から考えるからである。

日常の小さな仕事から、
喜んで自分を犠牲にするというに
至るまで、
あらゆる事柄において、
幸福は力である。

個性は多様の統一であるが、相矛盾する多様なものを統一して一つの形に形成するものが構想力にほかならない。感性からも知性からも考えられない個性は構想力から考えられねばならぬ。生と同じく幸福が想像であるということは、個性が幸福であることを意味している。

自然はその発展の段階を昇るに従って益々《ますます》多くの個性に分化する。そのことは闇《やみ》から光を求めて創造する自然の根源的な欲求が如何《いか》なるものであるかを語っている。

人格は地の子らの最高の幸福であるというゲーテの言葉ほど、幸福についての完全な定義はない。幸福になるということは人格（※自律的個人）になるということである。
幸福は肉体的快楽にあるか精神的快楽にあるか、活動にあるか存在にあるかというが如き問は、我々をただ紛糾《ふんきゅう》に引き入れるだけである。かような問に対しては、そのいずれでもあると答えるのほかないであろう。なぜなら、人格は肉体であると共に精神であり、活動であると共に存在であるから。そしてかかることは人格というものが形成されるものであることを意味している。

今日ひとが幸福について考えないのは、人格の分解の時代と呼ばれる現代の特徴に相応している。そしてこの事実は逆に幸福が人格であるという命題をいわば世界史的規模において証明するものである。

幸福は人格である。ひとが外套《がいとう》を脱ぎすてるようにいつでも気楽にほかの幸福は脱ぎすてることのできる者が最も幸福な人である。しかし真の幸福は、彼はこれを捨て去らないし、捨て去ることもできない。

彼の幸福は彼の生命と同じように彼自身と一つのものである。この幸福をもって彼はあらゆる困難と闘うのである。幸福を武器として闘う者のみが斃《たお》れてもなお幸福である。

機嫌がよいこと、丁寧なこと、親切なこと、寛大なこと、等々、幸福はつねに外に現われる。歌わぬ詩人というものは真の詩人でない如く、単に内面的であるというような幸福は真の幸福ではないであろう。
幸福は表現的なものである。鳥の歌うが如くおのずから外に現われて他の人を幸福にするものが真の幸福である。

幸福になるということは
人格になるという
ことである。

幸福を武器として闘う者のみが
斃《たお》れてもなお幸福である。

機嫌がよいこと、丁寧なこと、
親切なこと、寛大なこと、等々、
幸福はつねに外に現われる。

幸福は表現的なものである。
鳥の歌うが如く
おのずから外に現われて
他の人を幸福にするものが
真の幸福である。

懐疑について

懐疑の意味を正確に判断することは容易でないように見える。或る場合には懐疑は神秘化され、それから一つの宗教が生ずるまでに至っている。あらゆる神秘を払いのけることが懐疑の仕事であるであろうに。

反対に他の場合には如何《いか》なる懐疑も懐疑であるという理由で容赦なく不道徳として貶《へん》せられている。懐疑は知性の一つの徳であり得るであろうに。

前の場合、懐疑そのものが一つの独断となる。後の場合、懐疑を頭から敲《たた》きつけようとするのもやはり独断である。

いずれにしても確かなことは、懐疑が特に人間的なものであるということである。神には懐疑はないであろう、また動物にも懐疑はないであろう。懐疑は天使でもなく獣でもない人間に固有なものである。

人間は知性によって動物にまさるといわれるならば、それは懐疑によって特色附けられることができるであろう。実際、多少とも懐疑的でないような知性人があるであろうか。そして独断家は或る場合には天使の如《ごと》く見え、或る場合には獣の如く見えないであろうか。

人間的な知性の自由はさしあたり懐疑のうちにある。自由人といわれる者で懐疑的でなかったような人を私は知らない。あの honnête homme（真人間）といわれた者にはみな懐疑的なところがあったし、そしてそれは自由人を意味したのである。

しかるに哲学者が自由の概念をどのように規定するにしても、現実の人間的な自由は節度のうちにある。古典的なヒューマニズムにおいて最も重要な徳であったこの節度というものは現代の思想においては稀《まれ》になっている。懐疑が知性の徳であるためには節度がなければならぬ。

一般に思想家の節度というものが問題である。モンテーニュの最大の智慧《ちえ》は懐疑において節度があるということであった。また実に、節度を知らないような懐疑は真の懐疑ではないであろう。度を越えた懐疑は純粋に懐疑に止《とど》まっているのでなく、一つの哲学説としての懐疑論になっているか、それとも懐疑の神秘化、宗教化に陥っているのである。そのいずれももはや懐

あらゆる神秘を払いのけることが
懐疑の仕事であるであろうに。

疑ではなく、一つの独断である。

懐疑は知性の徳として人間精神を浄化する。ちょうど泣くことが生理的に我々の感情を浄化するように。しかし懐疑そのものは泣くことに類するよりも笑うことに類するであろう。笑は動物にはない人間的な表情であるとすれば、懐疑と笑との間に類似が存在するのは自然である。笑も我々の感情を浄化することができる。懐疑家の表情は渋面ばかりではない。知性に固有な快活さを有しない懐疑は真の懐疑ではないであろう。

真の懐疑家はソフィストではなくてソクラテスであった。ソクラテスは懐疑が無限の探求にほかならぬことを示した。その彼はまた真の悲劇家は真の喜劇家であることを示したのである。

従来の哲学のうち永続的な生命を有するもので何等か懐疑的なところを含まないものがあるであろうか。唯《ただ》一つの偉大な例外はヘーゲルである。

そのヘーゲルの哲学は、歴史の示すように、一時は熱狂的な信奉者を作るが、やがて全く顧《かえり》みられなくなるという特質を具《そな》えている。この事実のうちに恐らくヘーゲルの哲学の秘密がある。

論理学者は論理の根柢《こんてい》に直観があるという。ひとは無限に証明してゆくことができぬ、あらゆる論証はもはやそれ自身は論証することのできぬもの、直観的に確実なものを前提し、それから出立して推論するといわれる。しかし論理の根柢にある直観的なものがつねに確実なものであるという証明は存在するであろうか。

もしそれがつねに確実なものであるとすれば、何故にひとはその直観に止まらないで、なお論理を必要とするであろうか。確実なものの直観があるばかりでなく、不確実なものの直観があるように思われる。

直観をつねに疑うのは愚かなことであり、直観をつねに信じるのも至らぬことである。そして普通にいわれるのとは逆に、感性的な直観がそれ自身の種類において確実なものの直観であるのに対して、知性的な直観の特徴はむしろ不確実なものの直

懐疑は知性の徳として
人間精神を浄化する。
ちょうど泣くことが生理的に
我々の感情を浄化するように。

観に存するようにさえ思われる。

確実なものの直観は――感性的なものであるにせよ、超感性的なものであるにせよ、――それ自体においては論理の証明を要しないのに反して、不確実なものの直観――懐疑的直観もしくは直観的懐疑――こそ論理を必要とするもの、論理を動かすものである。

論理によって懐疑が出てくるのでなく、懐疑から論理が求められてくるのである。かように論理を求めるところに知性の矜《きょう》持《じ》があり、自己尊重がある。いわゆる論理家は公式主義者であり、独断家の一つの種類に過ぎない。

不確実なものが確実なものの基礎である。哲学者は自己のうちに懐疑が生きている限り哲学し、物を書く。もとより彼は不確実なもののために働くのではない。――「ひとは不確実なもののために働く」、とパスカルは書いている。

けれども正確にいうと、ひとは不確実なもののために働くのでなく、むしろ不確実なものから働くのである。人生がただ動くことでなくて作ることであり、単なる存在でなくて形成作用であり、またそうでなければならぬ所以《ゆえん》である。

そしてひとは不確実なものから働くというところから、あらゆる形成作用の根柢に賭《かけ》があるといわれ得る。

独断に対する懐疑の力と無力とは、情念に対する知性の力と無力とである。独断は、それが一つの賭である場合にのみ、知性的であり得る。情念はつねにただ単に肯定的であり、独断の多くは情念に基いている。

多くの懐疑家は外見に現われるほど懐疑家ではない。また多くの独断家は外見に現われるほど独断家ではない。

ひとは時として他に対する虚栄から懐疑的になるが、更により多く他に対する虚栄のために独断的になる。そしてそれは他面、人間において政治的欲望即《すなわ》ち他に対する支配の欲望が普遍的であることを示すと共に、彼においてまた教育的欲望が普遍的であることを示している。政治にとっては独断も必要であろう。けれども教育にとって同様に独断が必要であるかどうかは疑問である。

ただ、政治的欲望を含まないような教育的欲望が稀であることは確かである。

いかなる人も他を信じさせることができるほど己《おのれ》を信じさせることができない。他人を信仰に導く宗教家は必ずしも絶対に懐疑のない人間ではない。

彼が他の人に滲透《しんとう》する力はむしろその一半を彼のうちになお生きている懐疑に負うている。少くとも、そうでないような宗教家は思想家とはいわれないであろう。

自分では疑いながら発表した意見が他人によって自分の疑っていないもののように信じられる場合がある。そのような場合には遂《つい》に自分でもその意見を信じるようになるものである。信仰の根源は他者にある。それは宗教の場合でもそうであって、宗教家は自分の信仰の根源は神にあるといっている。

懐疑というものは散文でしか表わすことのできないものである。そのことは懐疑の性質を示すと共に、逆に散文の固有の面白さ、またその難かしさがどこにあるかを示している。

真の懐疑家は論理を追求する。しかるに独断家は全く論証しないか、ただ形式的に論証するのみである。

独断家は甚《はなは》だしばしば敗北主義者、知性の敗北主義者である。彼は外見に現われるほど決して強くはない、彼は他人に対して

論理によって懐疑が出てくるのでなく、
懐疑から論理が求められてくるのである。
かように論理を求めるところに
知性の矜持《きょうじ》があり、
自己尊重がある。

も自己に対しても強がらねばならぬ必要を感じるほど弱いのである。

ひとは敗北主義から独断家になる。またひとは絶望から独断家になる。絶望と懐疑とは同じでない。ただ知性の加わる場合にのみ絶望は懐疑に変り得るのであるが、これは想像されるように容易なことではない。

純粋に懐疑に止まることは困難である。ひとが懐疑し始めるや否《いな》や、情念が彼を捕えるために待っている。だから真の懐疑は青春のものでなく、むしろ既に精神の成熟を示すものである。青春の懐疑は絶えず感傷に伴われ、感傷に変ってゆく。

懐疑には節度がなければならず、節度のある懐疑のみが真に懐疑の名に価《あたい》するということは、懐疑が方法であることを意味している。

懐疑が方法であることはデカルトによって確認された真理である。デカルトの懐疑は一見考えられるように極端なものでなく、つねに注意深く節度を守っている。この点においても彼はヒューマニストであった。彼が方法叙説第三部における道徳論を暫定《ざんてい》的な或《ある》いは一時しのぎのものと称したことは極めて特徴的である。

方法についての熟達は教養のうち最も重要なものであるが、懐疑において節度があるということよりも決定的な教養のしるしを私は知らない。しかるに世の中にはもはや懐疑する力を失ってしまった教養人、或いはいちど懐疑的になるともはや何等方法的に考えることのできぬ教養人が多いのである。いずれもディレッタンティズムの落ちてゆく教養のデカダンスである。

懐疑が方法であることを理解した者であって初めて独断もまた方法であることを理解し得る。前のことを先《ま》ず理解しないで、後のことをのみ主張する者があるとしたら、彼は未だ方法の何物であるかを理解しないものである。

懐疑は一つの所に止まるというのは間違っている。精神の習慣性を破るものが懐疑である。

絶望と懐疑とは同じでない。

精神が習慣的になるということは精神のうちに自然が流れ込んでいることを意味している。懐疑は精神のオートマティズムを破るものとして既に自然に対する知性の勝利を現わしている。

不確実なものが根源であり、確実なものは目的である。すべて確実なものは形成されたものであり、結果であって、端初としての原理は不確実なものである。

懐疑は根源への関係附けであり、独断は目的への関係附けである。

理論家が懐疑的であるのに対して実践家は独断的であり、動機論者が懐疑家であるのに対して結果論者は独断家であるというのがつねであることは、これに依《よ》るのである。

しかし独断も懐疑も共に方法であるべきことを理解しなければならぬ。

肯定が否定においてあるように、物質が精神においてあるように、独断は懐疑においてある。

すべての懐疑にも拘《かかわ》らず人生は確実なものである。なぜなら、人生は形成作用である故《ゆえ》に、単に在るものでなく、作られるものである故に。

青春の懐疑は
絶えず感傷に伴われ、
感傷に変ってゆく。

すべての懐疑にも拘《かかわ》らず
人生は確実なものである。

習慣について

人生において或る意味では習慣がすべてである。というのはつまり、あらゆる生命あるものは形をもっている、生命とは形であるということができる、しかるに習慣はそれによって行為に形が出来てくるものである。

もちろん習慣は単に空間的な形ではない。単に空間的な形は死んだものである。習慣はこれに反して生きた形であり、かようなものとして単に空間的なものでなく、空間的であると同時に時間的、時間的であると同時に空間的なもの、即《すなわ》ち弁証法的な形である。

時間的に動いてゆくものが同時に空間的に止まっているとい

うところに生命的な形が出来てくる。習慣は機械的なものでなくてどこまでも生命的なものである。それは形を作るという生命に内的な本質的な作用に属している。

普通に習慣は同じ行為を反覆することによって生ずると考えられている。けれども厳密にいうと、人間の行為において全く同一のものはないであろう。個々の行為にはつねに偶然的なところがある。我々の行為は偶然的な、自由なものである故《ゆえ》に習慣も作られるのである。

習慣は同じことの反覆の物理的な結果ではない。確定的なものは不確定なものから出てくる。個々の行為が偶然的であるから習慣も出来るのであって、習慣は多数の偶然的な行為のいわば統計的な規則性である。

自然の法則も統計的な性質のものである限り、習慣は自然であるということができる。習慣が自然と考えられるように、自然も習慣である。ただ、習慣という場合、自然は具体的に形として見られなければならぬ。

模倣と習慣とは或る意味において相反するものであり、或る意味において一つのものである。

模倣は特に外部のもの、新しいものの模倣として流行の原因であるといわれる。流行に対して習慣は伝統的なものであり、習慣を破るものは流行である。流行よりも容易に習慣を破り得るものはないであろう。しかし習慣もそれ自身一つの模倣である。それは内部のもの、旧《ふる》いものの模倣である。

習慣は多数の偶然的な行為の
いわば統計的な規則性である。

習慣において自己は自己を模倣する。自己が自己を模倣するところから習慣が作られてくる。流行が横の模倣であるとすれば、習慣は縦の模倣である。

ともかく習慣もすでに模倣である以上、習慣においても我々の一つの行為は他の行為に対して外部にあるものの如《ご》く独立でなければならぬ。

習慣を単に連続的なものと考えることは誤《あやまり》である。非連続的なものが同時に連続的であり、連続的なものが同時に非連続的であるところに習慣は生ずる。つまり習慣は生命の法則を現わしている。

習慣と同じく流行も生命の一つの形式である。生命は形成作用であり、模倣は形成作用にとって一つの根本的な方法である。

生命が形成作用（ビルドゥング）であるということは、それが教育（ビルドゥング）であることを意味している。

教育に対する模倣の意義については古来しばしば語られている。その際、習慣が一つの模倣であることを考えると共に、流行がまた模倣としていかに大きな教育的価値をもっているかについて考えることが大切である。

流行が環境から規定されるように、習慣も環境から規定されている。習慣は主体の環境に対する作業的適応として生ずる。ただ、流行においては主体は環境に対してより多く受動的であるのに反して、習慣においてはより多く能動的である。習慣の力は形の力である。

しかし流行が習慣を破り得るということは、その習慣の形が主体と環境との関係から生じた弁証法的なものであるためである。流行のこの力は、それが習慣と相反する方向のものであるということに基いている。

流行は最大の適応力を有するといわれる人間に特徴的である。習慣が自然的なものであるのに対して、流行は知性的なものであるとさえ考えることができるであろう。

習慣は自己による自己の模倣として自己の自己に対する適応であると同時に、自己の環境に対する適応である。流行は環境の模倣として自己の環境に対する適応から生ずるものであるが、流行にも自己が自己を模倣するというところがあるであろう。

我々が流行に従うのは、何か自己に媚《こ》びるものがあるからである。ただ、流行が形としては不安定であり、流行には形がないともいわれるのに対して、習慣は形として安定している。しかるに習慣が形として安定しているということは、習慣が技術であることを意味している。その形は技術的に出来てくるものである。ところが流行にはかような技術的な能動性が欠けている。

一つの情念を支配し得るのは理性でなくて他の情念であるといわれる。しかし実をいうと、習慣こそ情念を支配し得るものである。

一つの情念を支配し得るのは理性でなくて他の情念であるといわれるような、その情念の力はどこにあるのであるか。それは単に情念のうちにあるのでなく、むしろ情念が習慣になっているところにある。

私が恐れるのは彼の憎みではなくて、私に対する彼の憎みが習慣になっているということである。習慣に形作られるのでなければ情念も力がない。

一つの習慣は他の習慣を作ることによって破られる。習慣を支配し得るのは理性でなくて他の習慣である。言い換えると、一つの形を真に克服し得るものは他の形である。流行も習慣になるまでは不安定な力に過ぎない。情念はそれ自身としては形の具《そな》わらぬものであり、習慣に対する情念の無力もそこにある。

一つの情念が他の情念を支配し得るのも、知性が加わることによって作られる秩序の力に基いている。情念は形の具わらぬ

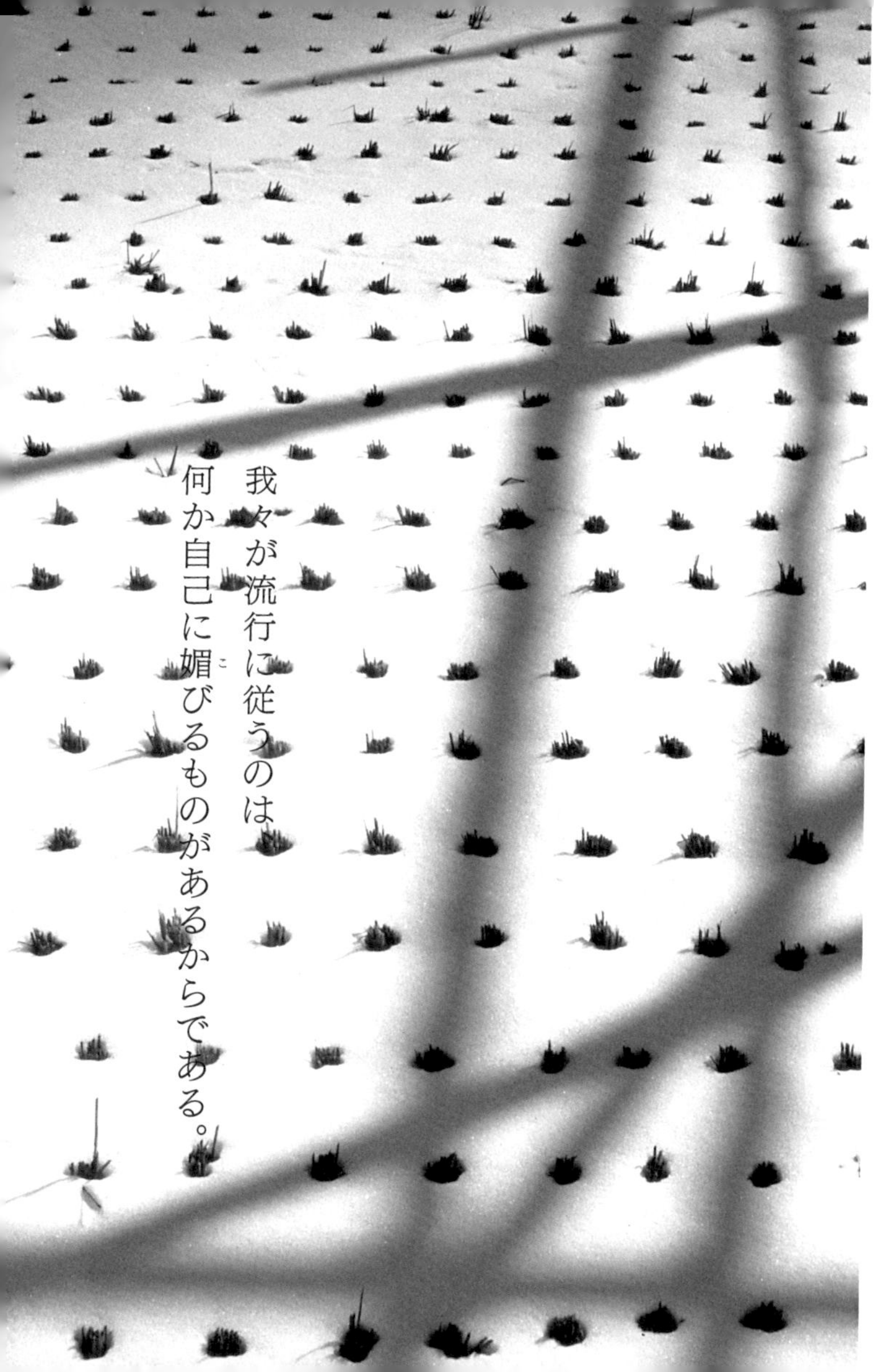

我々が流行に従うのは
何か自己に媚《こ》びるものがあるからである。

ものとして自然的なものと考えられる。情念に対する形の支配は自然に対する精神の支配である。習慣も形として単なる自然でなく、すでに精神である。

形を単に空間的な形としてしか、従って物質的な形としてしか表象し得ないというのは近代の機械的な悟性のことである。むしろ精神こそ形である。

ギリシアの古典的哲学は物質は無限定な質料であって精神は形相であると考えた。現代の生の哲学は逆に精神的生命そのものを無限定な流動の如く考えている。

この点において生の哲学も形に関する近代の機械的な考え方に影響されている。しかし精神を形相と考えたギリシア哲学は形相をなお空間的に表象した。

東洋の伝統的文化は習慣の文化であるということができる。習慣が自然であるように、東洋文化の根柢《こんてい》にあるのは或る自然である。また習慣が単なる自然でなく文化であるように、東洋的自然は同時に文化の意味をもっている。文化主義的な西洋において形が空間的に表象されたのに対して、自然主義的な東洋の文化は却《かえ》って精神の真に精神的な形を追究した。

しかしすでに形という以上、それは純粋な精神であることができるか。習慣が自然と見られるように、精神の形といっても同時に自然の意味がなければならぬ。

習慣は単なる精神でも単なる身体でもない具体的な生命の内的な法則である。習慣は純粋に精神的といわれる活動のうちにも見出《みいだ》される自然的なものである。

思惟《しい》の範疇《はんちゅう》というものをヒュームが習慣から説明したのは、現代の認識論の批評するように、それほど笑うべきことであるかどうか、私は知らない。範疇の単に論理的な意味でなくてその存在論的な意味を考えようとする場合、それを習慣から説明するよりも一層適切に説明する仕方があるかどうか、私は知らない。

ただその際、習慣を単なる経験から生ずるもののように考える機械的な見方を排することが必要である。

経験論は機械論であることによって間違っている。経験の反覆ということは習慣の本質の説明にとってつねに不十分であ

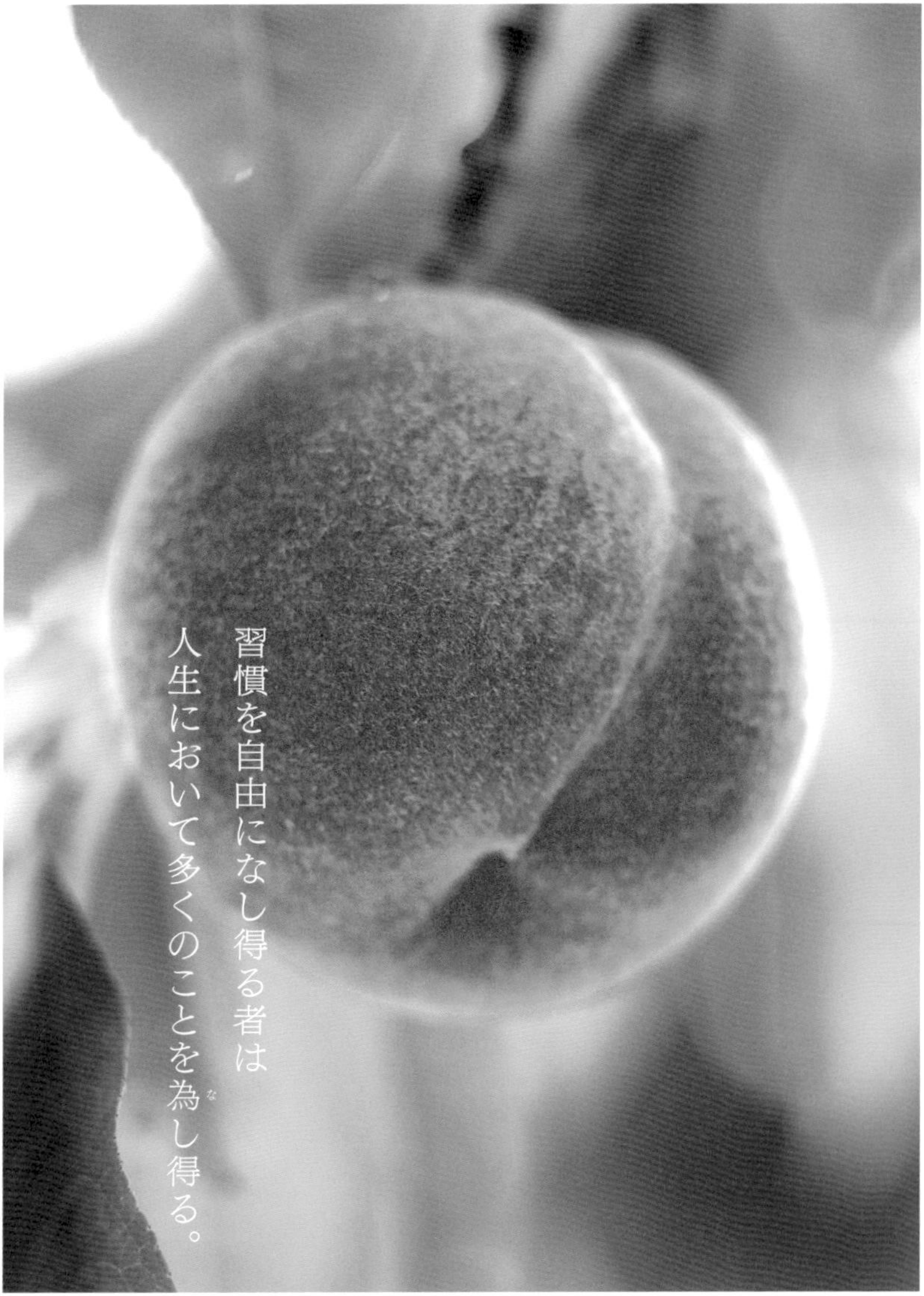

習慣を自由になし得る者は
人生において多くのことを為《な》し得る。

る。石はたとい百万遍同じ方向に同じ速度で投げられたにしてもそのために習慣を得ることがない、習慣は生命の内的な傾向に属している。

経験論に反対する先験論は普通に、経験を習慣の影響の全くない感覚と同一視している。感覚を喚《よ》び起す作用のうちに現われる習慣から影響されないような知識の「内容」というものが存在するであろうか。習慣は思惟のうちにも作用する。

社会的習慣としての慣習が道徳であり、権威をもっているのは、単にそれが社会的なものであるということに依《よ》るのではなく、却ってそれが表現的なものとして形であることに基くのである。

如何《いか》なる形もつねに超越的な意味をもっている。形を作るという生命に本質的な作用は生命に内在する超越的傾向を示している。しかし形を作ることは同時に生命が自己を否定することである。

生命は形によって生き、形において死ぬる。生命は習慣によって生き、習慣において死ぬる。死は習慣の極限である。

習慣を自由になし得る者は人生において多くのことを為《な》し得る。習慣は技術的なものである故に自由にすることができる。もとよりたいていの習慣は無意識的な技術であるが、これを意識的に技術的に自由にするところに道徳がある。修養というものはかような技術である。

もし習慣がただ自然であるならば、習慣が道徳であるとはいい得ないであろう。すべての道徳には技術的なものがあるということを理解することが大切である。習慣は我々に最も手近かなもの、我々の力のうちにある手段である。習慣が技術であるように、すべての技術は習慣的になることによって真に技術であることができる。どのような天才も習慣によるのでなければ何事も成就《じょうじゅ》し得ない。

従来修養といわれるものは道具時代の社会における道徳的形成の方法である。この時代の社会は有機的で、限定されたものであった。しかるに今日では道具時代から機械時代に変り、我々の生活の環境も全く違ったものになっている。そのために道徳

郵便はがき

料金受取人払郵便

豊島局承認

5205

差出有効期間
2026年4月30日
まで

1708780

052

東京都豊島区南大塚2-32-4
パイ インターナショナル 行

追加書籍をご注文の場合は以下にご記入ください

●小社書籍のご注文は、下記の注文欄をご利用下さい。**宅配便の代引**にてお届けします。代引手数料と送料は、ご注文合計金額（税抜）が5,000円以上の場合は無料、同未満の場合は代引手数料300円（税抜）、送料600円（税抜・全国一律）。乱丁・落丁以外のご返品はお受けしかねますのでご了承ください。

注文書

ご注文書籍名	冊数	お支払額
	冊	円
	冊	円
	冊	円
	冊	円

●**お届け先は裏面に**ご記載ください。
（発送日、品切れ商品のご連絡をいたしますので、必ずお電話番号をご記入ください。）

●電話やFAX、小社WEBサイトでもご注文を承ります。
https://www.pie.co.jp　TEL：03-3944-3981　FAX：03-5395-4830

ご購入いただいた本のタイトル　　　　　　　　ご記入日：　　年　　月　　日

●普段どのような媒体をご覧になっていますか？（雑誌名等、具体的に）

雑誌（　　　　　　　　　　　）　WEBサイト（　　　　　　　　　　　）

●この本についてのご意見・ご感想をお聞かせください。

●今後、小社より出版をご希望の企画・テーマがございましたら、ぜひお聞かせください。

お客様のご感想を新聞等の広告媒体や、小社Facebook・Twitterに匿名で紹介させていただく場合がございます。不可の場合のみ「いいえ」に○を付けて下さい。		いいえ
性別　男・女	年齢　　　歳	ご職業
フリガナ お名前		
ご住所（〒　　―　　）　TEL		
e-mail PIEメルマガをご希望の場合は「はい」に○を付けて下さい。　はい		

ご記入ありがとうございました。お送りいただいた愛読者カードはアフターサービス・新刊案内・マーケティング資料・今後の企画の参考とさせていただき、それ以外の目的では使用いたしません。
読者カードをお送りいただいた方の中から抽選で粗品をさしあげます。

5886 人生論1

においても修養というものだけでは不十分になった。

道具の技術に比して機械の技術は習慣に依存することが少く、知識に依存することが多いように、今日では道徳においても知識が特に重要になっているのである。しかしまた道徳は有機的な身体を離れ得るものでなく、そして知性のうちにも習慣が働くということに注意しなければならぬ。

デカダンス（※虚無的、頽廃的風潮や生活態度）は情念の不定な過剰であるのではない。デカダンスは情念の特殊な習慣である。

人間の行為が技術的であるところにデカダンスの根源がある。情念が習慣的になり、技術的になるところからデカダンスが生ずる。自然的な情念の爆発はむしろ習慣を破るものであり、デカダンスとは反対のものである。

すべての習慣には何等かデカダンスの臭《におい》が感じられないであろうか。習慣によって我々が死ぬるというのは、習慣がデカダンスになるためであって、習慣が静止であるためではない。

習慣によって我々は自由になると共に習慣によって我々は束縛される。しかし習慣において恐るべきものは、それが我々を束縛することであるよりも、習慣のうちにデカダンスが含まれることである。

あのモラリストたちは世の中にいかに多くの奇怪な習慣が存在するかについてつねに語っている。そのことはいかに習慣がデカダンスに陥《おちい》り易《やす》いかを示すものである。

多くの奇怪な芸術が存在するように多くの奇怪な習慣が存在する。しかるにそのことはまた習慣が芸術と同様、構想力に属することを示すであろう。

習慣に対して流行はより知性的であるということができる。流行には同じようなデカダンスがないであろう。そこに流行の生命的価値がある。しかしながら流行そのものがデカダンスになる場合、それは最も恐るべきものである。

流行は不安定で、それを支える形というものがないから。流行は直接に虚無につらなる故に、そのデカダンスには底がない。

習慣は技術的なものである故に
自由にすることができる。

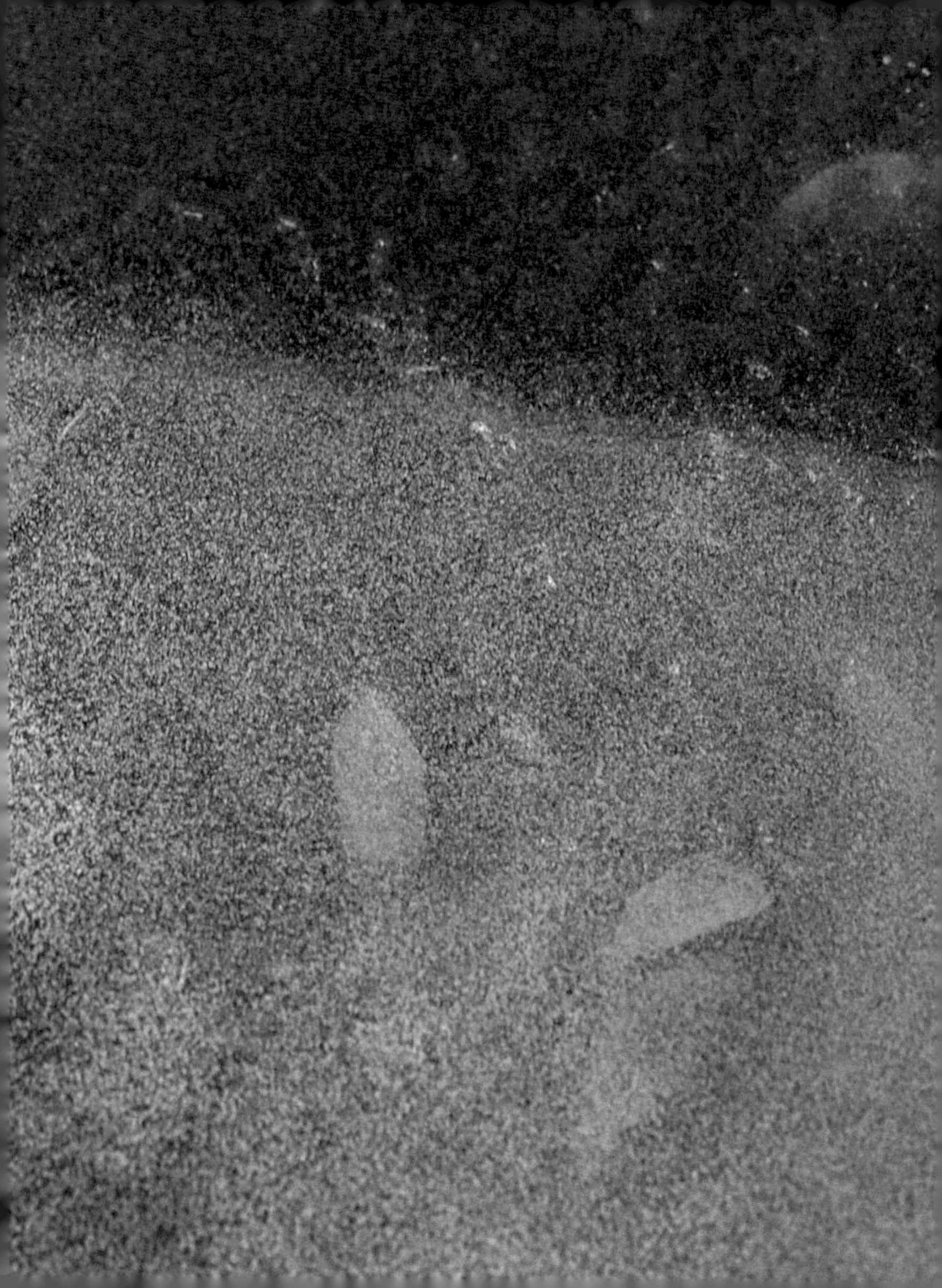

虚栄について

Vanitati creatura subjecta est etiam nolens. ――「造られたるものの虚無《むなしき》に服せしは、己《おの》が願によるにあらず、服せしめ給《たま》ひし者によるなり。」ロマ書第八章廿節。

虚栄は人間的自然における最も普遍的な且《か》つ最も固有な性質である。虚栄は人間の存在そのものである。人間は虚栄によって生きている。虚栄はあらゆる人間的なもののうち最も人間的なものである。

虚栄によって生きる人間の生活は実体のないものである。言い換えると、人間の生活はフィクショナルなものである。それは芸術的意味においてもそうである。というのは、つまり人生はフィクション（小説）である。だからどのような人でも一つだけは小説を書くことができる。普通の人間と芸術家との差異は、ただ一つしか小説を書くことができないか、それとも種々の小説を書くことができるかという点にあるといい得るであろう。

人生がフィクションであるということは、それが何等の実在性を有しないということではない。ただその実在性は物的実在性と同じでなく、むしろ小説の実在性とほぼ同じものである。即《すなわ》ち実体のないものが如何《いか》にして実在的であり得るかということが人生においても、小説においてと同様、根本問題である。

人生はフィクショナルなものとして元来ただ可能的なものである。その現実性は我々の生活そのものによって初めて証明されねばならぬ。

いかなる作家が神や動物についてフィクションを書こうとしたであろうか。神や動物は、人間のパッション（※熱情）が彼等のうちに移入された限りにおいてのみ、フィクションの対象となることができたのである。

ひとり人間の生活のみがフィクショナルなものである。人間は小説的動物であると定義することができるであろう。

自然は芸術を模倣するというのはよく知られた言葉である。

けれども芸術を模倣するのは固有な意味においては自然のうち人間のみである。

人間が小説を模倣しまた模倣し得るのは、人間が本性上小説的なものであるからでなければならぬ。人間は人間的になり始めるや否《いな》や、自己と自己の生活を小説化し始める。

すべての人間的といわれるパッションはヴァニティ（※虚栄心）から生れる。人間のあらゆるパッションは人間的であるが、仮に人間に動物的なパッションがあるとしても、それが直《ただ》ちにヴァニティにとらえられ得るところに人間的なものが認められる。

ヴァニティはいわばその実体に従って考えると虚無である。ひとびとが虚栄といっているものはいわばその現象に過ぎない。人間的なすべてのパッションは虚無から生れ、その現象において虚栄的である。

人生の実在性を証明しようとする者は虚無の実在性を証明しなければならぬ。あらゆる人間的創造はかようにして虚無の実在性を証明するためのものである。

「虚栄をあまり全部自分のうちにたくわえ、そしてそれに酷使されることにならないように、それに対して割れ目を開いておくのが宜《よ》い。いわば毎日の排水が必要なのである。」かようにいったジューベールは常識家であった。

虚栄は人間の存在そのものである。
人間は虚栄によって生きている。
虚栄はあらゆる人間的なもののうち
最も人間的なものである。

しかしこの常識には賢明な処世法が示されている。虚栄によって滅亡しないために、人間はその日々の生活において、あらゆる小事について、虚栄的であることが必要である。

この点において英雄は例外である。英雄はその最後によって、つまり滅亡によって自己を証明する。喜劇の主人公には英雄がない、英雄はただ悲劇の主人公であることができる。

人間は虚栄によって生きるということこそ、彼の生活にとって智慧《ちえ》が必要であることを示すものである。人生の智慧はすべて虚無に到《いた》らなければならぬ。

紙幣はフィクショナルなものである。しかしまた金貨もフィクショナルなものである。けれども紙幣と金貨との間には差別が考えられる。世の中には不換紙幣というものもあるのである。すべてが虚栄である人生において智慧と呼ばれるものは金貨と紙幣とを、特に不換紙幣とを区別する判断力である。尤《もっと》も金貨もそれ自身フィクショナルなものではない。

しかし人間が虚栄的であるということはすでに人間のより高い性質を示している。

虚栄心というのは自分があるよりも以上のものであることを示そうとする人間的なパッションである。それは仮装に過ぎないかも知れない。けれども一生仮装し通した者において、その人の本性と仮性とを区別することは不可能に近いであろう。道徳もまたフィクションではないか。それは不換紙幣に対する金貨ほどの意味をもっている。

人間が虚栄的であるということは人間が社会的であることを示している。つまり社会もフィクションの上に成立している。従って社会においては信用がすべてである。

あらゆるフィクションが虚栄であるというのではない。フィクションによって生活する人間が虚栄的であり得るのである。

文明の進歩というのは人間の生活がより多くフィクションの上に築かれることであるとすれば、文明の進歩と共に虚栄は日常茶飯事となる。そして英雄的な悲劇もまた少くなる。

フィクションであるものを自然的と思われるものにするのは習慣の力である。むしろ習慣的になることによってフィクションは初めてフィクションの意味を有するに至るのである。かくしてただ単に虚栄であるものは未だフィクションとはいわれない。それ故《ゆえ》にフィクションは虚栄であるにしても、すでにフィクションとして妥当する以上、単なる虚栄であることからより高い人間的なものとなっている。

習慣はすでにかようなより高い人間性を現わしている。習慣は単に自然的なものでなく、すでに知性的なものの一つの形である。

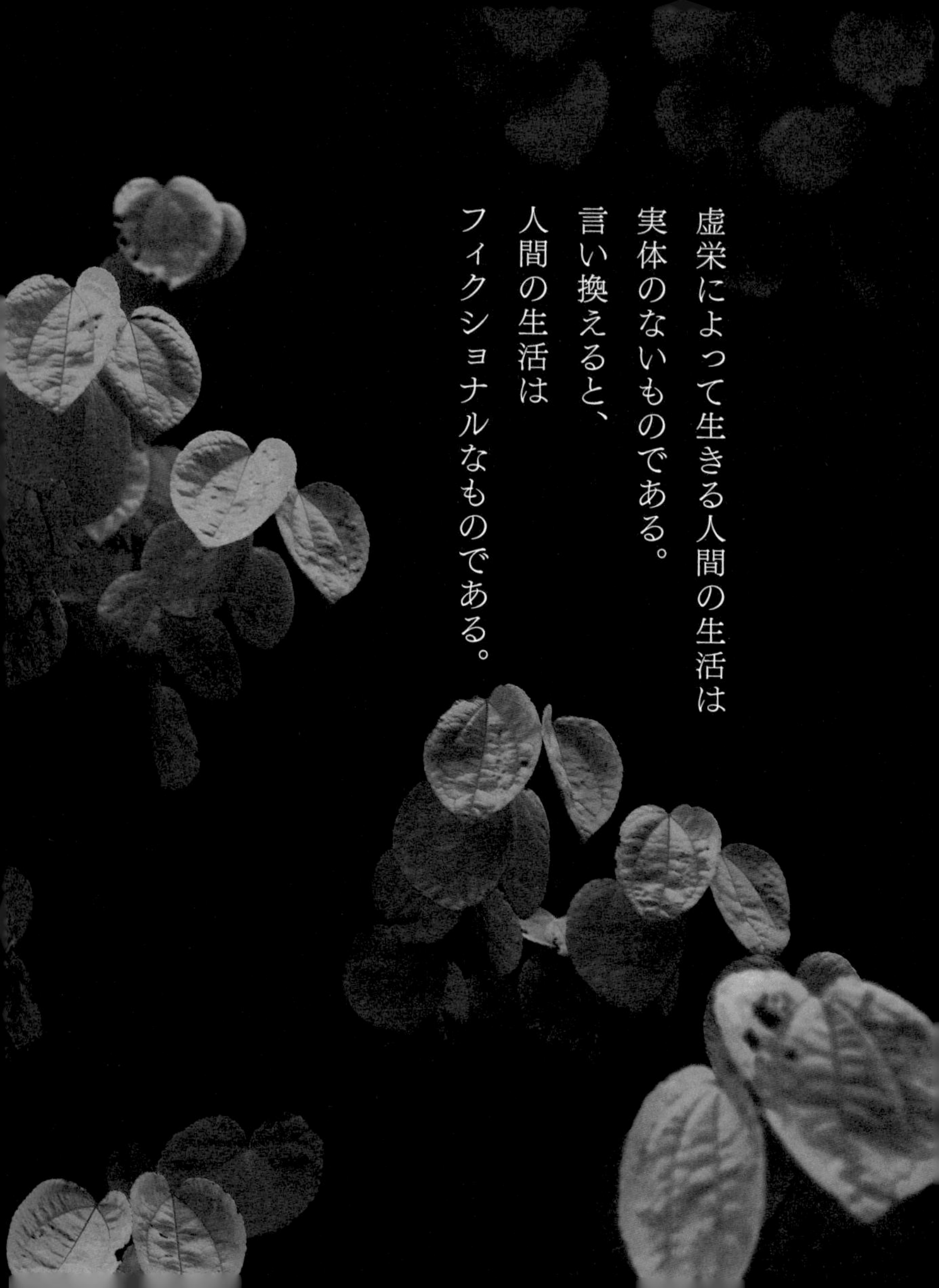

虚栄によって生きる人間の生活は
実体のないものである。
言い換えると、
人間の生活は
フィクショナルなものである。

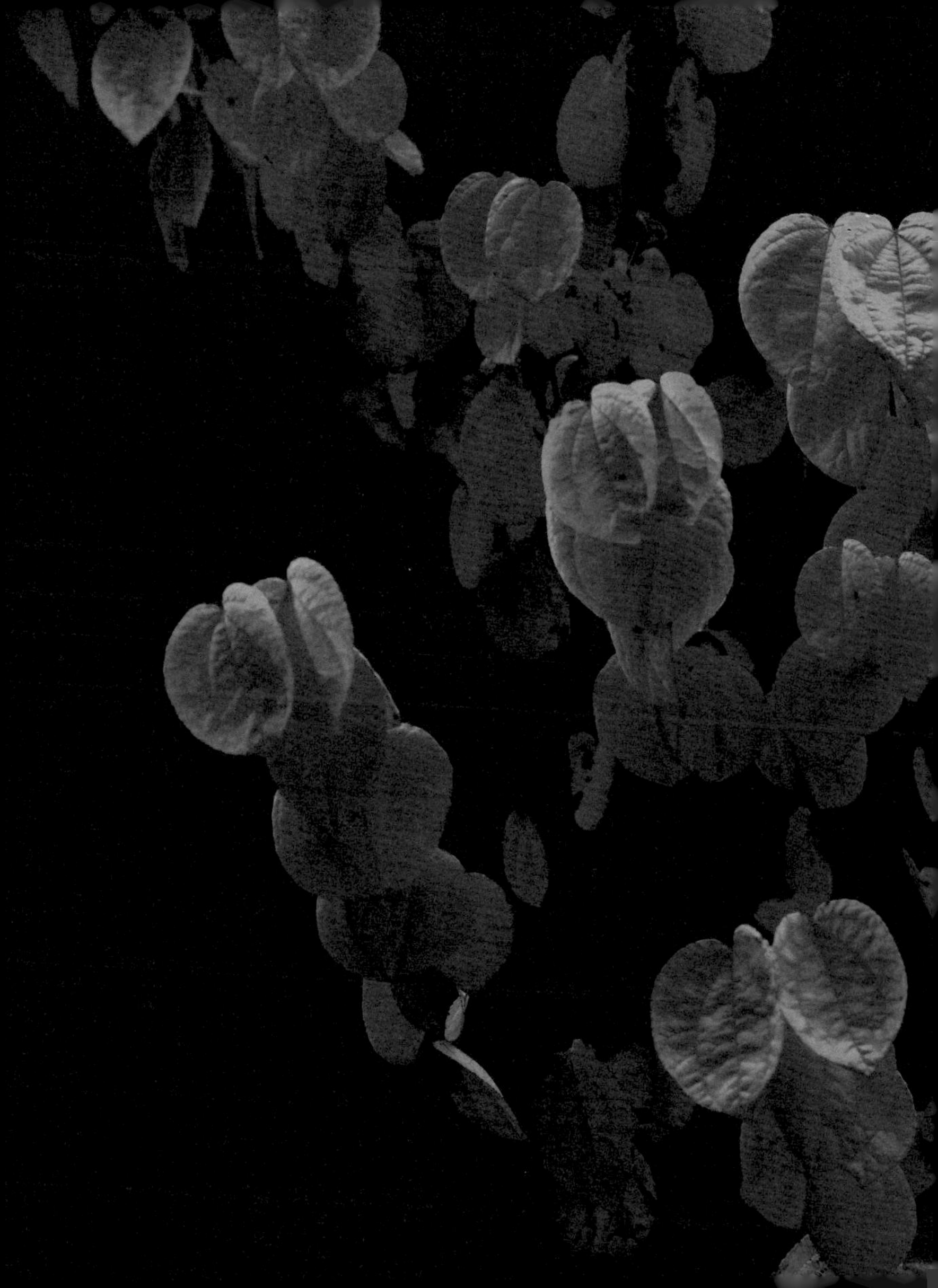

すべての人間の悪は孤独であることができないところから生ずる。

いかにして虚栄をなくすることができるか。虚無に帰することによって。それとも虚無の実在性を証明することによって。言い換えると、創造によって。

創造的な生活のみが虚栄を知らない。創造というのはフィクションを作ることである、フィクションの実在性を証明することである。

虚栄は最も多くの場合消費と結び附いている。

人に気に入らんがために、或《ある》いは他の者に対して自分を快きものにせんがために虚栄的であることは、ジューベールのいった如《ごと》く、すでに「半分の徳」である。すべての虚栄はこの半分の徳のために許されている。

虚栄を排することはそれ自身ひとつの虚栄であり得るのみでなく、心のやさしさの敵である傲慢《ごうまん》に堕していることがしばしばである。

その理想国から芸術家を追放しようとしたプラトンには一つの智慧がある。しかし自己の生活について真の芸術家であるということは、人間の立場において虚栄を駆逐するための最高のものである。

虚栄は生活において創造から区別されるディレッタンティズムである。虚栄を芸術におけるディレッタンティズムに比して考える者は、虚栄の適切な処理法を発見し得るであろう。

あらゆるフィクションが虚栄である
というのではない。
フィクションによって生活する
人間が虚栄的であり得るのである。

創造的な生活のみが虚栄を知らない。

名誉心について

名誉心と虚栄心とほど混同され易《やす》いものはない。しかも両者ほど区別の必要なものはない。この二つのものを区別することが人生についての智慧《ちえ》の少くとも半分であるとさえいうことができるであろう。

名誉心が虚栄心と誤解されることは甚《はなは》だ多い、しかしまた名誉心は極めて容易に虚栄心に変ずるものである。個々の場合について両者を区別するには良い眼をもたねばならぬ。

人生に対してどんなに厳格な人間も名誉心を抛棄《ほうき》しないであろう。ストイックというのはむしろ名誉心と虚栄心とを区別して、後者に誘惑されない者のことである。その区別ができない場合、ストイックといっても一つの虚栄に過ぎぬ。

虚栄心はまず社会を対象としている。しかるに名誉心はまず自己を対象とする。虚栄心が対世間的であるのに反して、名誉心は自己の品位についての自覚である。

すべてのストイックは本質的に個人主義者である。彼のストイシズムが自己の品位についての自覚にもとづく場合、彼は善き意味における個人主義者であり、そしてそれが虚栄の一種である場合、彼は悪《あ》しき意味における個人主義者に過ぎぬ。

ストイシズムの価値も限界も、それが本質的に個人主義であるところにある。ストイシズムは自己のものである諸情念を自己とは関《かか》わりのない自然物の如《ごと》く見ることによって制御するのであるが、それによって同時に自己或《あ》いは人格という抽象的なものを確立した。この抽象的なものに対する情熱がその道徳の本質をなしている。

名誉心と個人意識とは不可分である。ただ人間だけが名誉心をもっているといわれるのも、人間においては動物においてよりも遥《はる》かに多く個性が分化していることに関係するであろう。名誉心は個人意識にとっていわば構成的である。個人であろうとすること、それが人間の最深の、また最高の名誉心である。

名誉心も、虚栄心と同様、社会に向っているといわれるであろう。しかしそれにしても、虚栄心においては相手は「世間」というもの、詳しくいうと、甲でもなく乙でもないと同時に甲でもあり乙でもあるところの「ひと」、アノニム（※匿名。匿名者）な「ひと」であるのに反して、名誉心においては相手は甲であり或いは乙であり、それぞれの人間が個人としての独自性を失わないでいるところの社会である。虚栄心は本質的にアノニムである。

虚栄心の虜《とりこ》になるとき、人間は自己を失い、個人の独自性の意識を失うのがつねである。そのとき彼はアノニムな「ひと」を対象とすることによって彼自身アノニムな「ひと」となり、虚無に帰する。しかるに名誉心においては、それが虚栄心に変ずることなく真に名誉心にとどまっている限り、人間は自己と自己の独自性の自覚に立つのでなければならぬ。

ひとは何よりも多く虚栄心から模倣し、流行に身を委《まか》せる。流行はアノニムなものである。それだから名誉心をもっている人間が最も嫌うのは流行の模倣である。名誉心というのはすべてアノニムなものに対する戦いである。

発生的にいうと、四足で地に這《は》うことをやめたとき人間には名誉心が生じた。彼が直立して歩行するようになったということは、彼の名誉心の最初の、最大の行為であった。

直立することによって人間は抽象的な存在になった。そのとき彼には手というもの、このあらゆる器官のうち最も抽象的な器官が出来た、それは同時に彼にとって抽象的な思考が可能に

名誉心と虚栄心とほど
混同され易《やす》いものはない。
しかも両者ほど
区別の必要なものはない。

なったことである、等々、――そして名誉心というのはすべて抽象的なものに対する情熱である。

抽象的なものに対する情熱をもっているかどうかが名誉心にとって基準である。かくして世の中において名誉心から出たもののようにいわれていることも実は虚栄心にもとづくものが如《い》何《か》に多いであろう。

抽象的な存在になった人間はもはや環境と直接に融合して生きることができず、むしろ環境に対立し、これと戦うことによって生きねばならぬ。――名誉心というのはあらゆる意味における戦士のこころである。騎士道とか武士道とかにおいて名誉心が根本的な徳と考えられたのもこれに関聯《かんれん》している。

たとえば、名を惜しむという。名というのは抽象的なものである。もしそれが抽象的なものでないなら、そこに名誉心はなく、虚栄心があるだけである。

いま世間の評判というものはアノニムなものである。従って評判を気にすることは名誉心でなくて虚栄心に属している。アノニムなものと抽象的なものとは同じではない。両者を区別することが大切である。

すべての名誉心は何等かの仕方で永遠を考えている。この永遠というものは抽象的なものである。たとえば名を惜しむという場合、名は個人の品位の意識であり、しかもそれは抽象的なものとしての永遠に関係附けられている。虚栄心はしかるに時間的なものの最も時間的なものである。

抽象的なものに対する情熱によって個人という最も現実的なものの意識が成立する、――これが人間の存在の秘密である。たとえば人類というのは抽象的なものである。ところでこの人類という抽象的なものに対する情熱なしには人間は真の個人となることができぬ。

名誉心の抽象性のうちにその真理と同時にその虚偽がある。

名誉心において滅ぶ者は抽象的なものにおいて滅ぶ者であり、そしてこの抽象的なものにおいて滅び得るということは人間に固有なことであり、そのことが彼の名誉心に属している。

名誉心は自己意識と不可分のものであるが、自己といってもこの場合抽象的なものである。従って名誉心は自己にとどまることなく、絶えず外に向って、社会に対して出てゆく。そこに名誉心の矛盾がある。

名誉心は白日のうちになければならない。だが白日とは何か。抽象的な空気である。

名誉心はアノニムな社会を相手にしているのではない。しかしながらそれはなお抽象的な甲、抽象的な乙、つまり抽象的な社会を相手にしているのである。

愛は具体的なものに対してのほか動かない。この点において愛は名誉心と対蹠《たいせき》的である。愛は謙虚であることを求め、そして名誉心は最もしばしば傲慢《ごうまん》である。

宗教の秘密は永遠とか人類とかいう抽象的なものがそこでは最も具体的なものであるということにある。宗教こそ名誉心の限界を明瞭《めいりょう》にするものである。

名誉心は抽象的なものであるにしても、昔の社会は今の社会ほど抽象的なものでなかった故《ゆえ》に、名誉心はなお根柢《こんてい》のあるものであった。

しかるに今日社会が抽象的なものになるに従って名誉心もまたますます抽象的なものになっている。

ゲマインシャフト（※共同社会）的な具体的な社会においては抽象的な情熱であるところの名誉心は一つの大きな徳であることができた。ゲゼルシャフト（※利益社会）的な抽象的な社会においてはこのような名誉心は根柢のないものにされ、虚栄心と名誉心との区別も見分け難いものになっている。

しかしまた
名誉心は極めて容易に
虚栄心に変ずるものである。

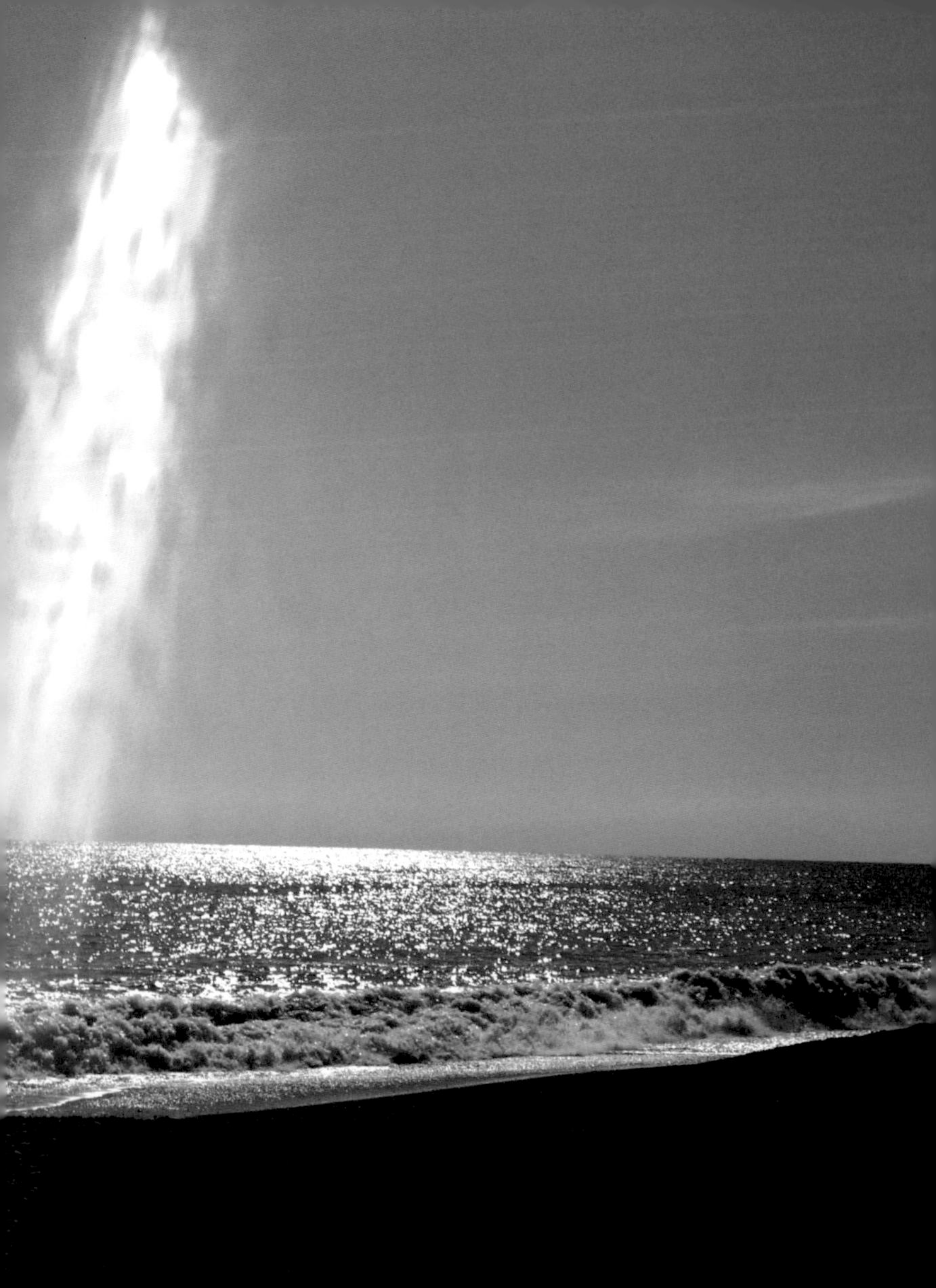

虚栄心が
対世間的であるのに反して、
名誉心は
自己の品位についての自覚である。

愛は謙虚であることを求め、
そして名誉心は最もしばしば
傲《ごう》慢《まん》である。

怒について

Ira Dei（神の怒）、——キリスト教の文献を見るたびにつねに考えさせられるのはこれである。なんという恐しい思想であろう。またなんという深い思想であろう。

神の怒はいつ現われるのであるか、——正義の蹂躪《じゅうりん》された時である。怒の神は正義の神である。

神の怒はいかに現われるのであるか、——天変地異においてであるか、予言者の怒においてであるか、それとも大衆の怒においてであるか。神の怒を思え！

しかし正義とは何か。怒る神は隠れたる神である。正義の法則と考えられるようになったとき、人間にとって神の怒は忘れられてしまった。怒は啓示の一つの形式である。怒る神は法則の神ではない。

怒る神にはデモーニッシュ(※悪魔的)なところがなければならぬ。神はもとデモーニッシュであったのである。しかるに今では神は人間的にされている、デーモンもまた人間的なものにされている。ヒューマニズムというのは怒を知らないことであろうか。そうだとしたなら、今日ヒューマニズムにどれほどの意味があるであろうか。

愛の神は人間を人間的にした。それが愛の意味である。しかるに世界が人間的に、余りに人間的になったとき必要なのは怒であり、神の怒を知ることである。

今日、愛については誰も語っている。誰が怒について真剣に語ろうとするのであるか。怒の意味を忘れてただ愛についてのみ語るということは今日の人間が無性格であるということのしるしである。

切に義人を思う。義人とは何か、——怒ることを知れる者である。

今日、怒の倫理的意味ほど多く忘れられているものはない。怒はただ避くべきものであるかのように考えられている。しかしながら、もし何物かがあらゆる場合に避くべきであるとすれば、それは憎みであって怒ではない。

憎みも怒から直接に発した場合には意味をもつことができ

る、つまり怒は憎みの倫理性を基礎附け得るようなものである。怒と憎みとは本質的に異るにも拘《かかわ》らず極めてしばしば混同されている、——怒の意味が忘れられている証拠であるといえよう。

怒はより深いものである。怒は憎みの直接の原因となることができるのに反し、憎みはただ附帯的にしか怒の原因となることができぬ。

すべての怒は突発的である。そのことは怒の純粋性或《ある》いは単純性を示している。しかるに憎みは殆《ほとん》どすべて習慣的なものであり、習慣的に永続する憎みのみが憎みと考えられるほどである。憎みの習慣性がその自然性を現わすとすれば、怒の突発性はその精神性を現わしている。

怒が突発的なものであるということはその啓示的な深さを語るものでなければならぬ。しかるに憎みが何か深いもののように見えるとすれば、それは憎みが習慣的な永続性をもっているためである。

怒ほど正確な判断を乱すものはないといわれるのは正しいであろう。しかし怒る人間は怒を表わさないで憎んでいる人間よりもつねに恕《じょ》せらるべきである。

ひとは愛に種類があるという。愛は神の愛（アガペ）、理想に対する愛（プラトン的エロス）、そして肉体的な愛という三

神の怒はいつ現われるのであるか、
神の怒を思え！

つの段階に区別されている。そうであるなら、それに相応して怒にも、神の怒、名誉心からの怒、気分的な怒という三つの種類を区別することができるであろう。

怒に段階が考えられるということは怒の深さを示すものであろう。ところが憎みについては同様の段階を区別し得るであろうか。怒の内面性が理解されねばならぬ。

愛と憎みとをつねに対立的に考えることは機械的に過ぎるといい得るであろう。少くとも神の弁証法は愛と憎みの弁証法でなくて愛と怒の弁証法である。

神は憎むことを知らず、怒ることを知っている。神の怒を忘れた多くの愛の説は神の愛をも人間的なものにしてしまった。

我々の怒の多くは気分的である。気分的なものは生理的なものに結び附いている。従って怒を鎮《しず》めるには生理的な手段に訴えるのが宜《よ》い。一般に生理は道徳に深い関係がある。昔の人はそのことをよく知っており、知ってよく実行したが、今ではその智慧《ちえ》は次第に乏しくなっている。

生理学のない倫理学は、肉体をもたぬ人間と同様、抽象的である。その生理学は一つの技術として体操でなければならない。体操は身体の運動に対する正しい判断の支配であり、それによって精神の無秩序も整えられることができる。情念の動くままにまかされようとしている身体に対して適当な体操を心得ていることは情念を支配するに肝要なことである。

怒を鎮める最上の手段は時であるといわれるであろう。怒はとりわけ突発的なものであるから。

神は時に惨《みじ》めな人間を慰めるように命令した。しかし時は人間を救うであろうか。時によって慰められるということは人間のはかなさ一般に属している。時とは消滅性である。

我々の怒の多くは神経のうちにある。それだから神経を苛立《いらだ》たせる原因になるようなこと、例えば、空腹とか睡眠不足とかいうことが避けられねばならぬ。

すべて小さいことによって生ずるものは小さいことによって生じないようにすることができる。しかし極めて小さいことによってにせよ一旦《いったん》生じたものは極めて大きな禍《わざわい》を惹《ひ》き起すことが可能である。

社会と文化の現状は人間を甚《はなは》だ神経質にしている。そこで怒も常習的になり、常習的になることによって怒は本来の性質を失おうとしている。怒と焦躁《しょうそう》とが絶えず混淆《こんこう》している。同じ理由から、今日では怒と憎みとの区別も曖昧《あいまい》になっている。怒る人を見るとき、私はなんだか古風な人間に会ったように感じる。

怒は復讐心《ふくしゅうしん》として永続することができる。復讐心は憎みの形を取った怒である。しかし怒は永続する場合その純粋性を保つことが困難である。怒から発した復讐心も単なる憎みに転じてしまうのが殆どつねである。

肉慾《にくよく》的な愛も永続する場合次第に浄化されて一層高次の愛に高まってゆくことができる。そこに愛というものの神秘がある。愛の道は上昇の道であり、そのことがヒューマニズムの観念と一致し易《やす》い。すべてのヒューマニズムの根柢《こんてい》にはエロティシズムがあるといえるであろう。

しかるに怒においては永続することによって一層高次の怒に高まるということがない。しかしそれだけ深く神の怒というものの神秘が感じられるのである。怒にはただ下降の道があるだけである。そしてそれだけ怒の根源の深さを思わねばならないのである。

愛は統一であり、融合であり、連続である。怒は分離であり、独立であり、非連続である。神の怒を考えることなしに神の愛

神は憎むことを知らず、
怒ることを知っている。
神の怒を忘れた多くの愛の説は
神の愛をも人間的なものにしてしまった。

と人間的な愛との区別を考え得るであろうか。ユダヤの予言者なしにキリストは考え得るであろうか。旧約なしに新約は考え得るであろうか。

神でさえ自己が独立の人格であることを怒によって示さねばならなかった。

特に人間的といわれ得る怒は名誉心からの怒である。名誉心は個人意識と不可分である。怒において人間は無意識的にせよ自己が個人であること、独立の人格であることを示そうとするのである。そこに怒の倫理的意味が隠されている。

今日、怒というものが曖昧になったのは、この社会において名誉心と虚栄心との区別が曖昧になったという事情に相応している。それはまたこの社会において無性格な人間が多くなったという事実を反映している。怒る人間は少くとも性格的である。

ひとは軽蔑《けいべつ》されたと感じたとき最もよく怒る。だから自信のある者はあまり怒らない。彼の名誉心は彼の怒が短気であることを防ぐであろう。ほんとに自信のある者は静かで、しかも威厳を具《そな》えている。それは完成した性格のことである。

相手の怒を自分の心において避けようとして自分の優越を示そうとするのは愚である。その場合自分が優越を示そうとすればするほど相手は更に軽蔑されたのを感じ、その怒は募《つの》る。ほんとに自信のある者は自分の優越を示そうなどとはしないであろう。

怒を避ける最上の手段は機智である。

怒にはどこか貴族主義的なところがある。善《よ》い意味においても、悪い意味においても。

孤独の何であるかを知っている者のみが真に怒ることを知っている。

アイロニイという一つの知的性質はギリシア人のいわゆる

ヒュブリス（驕《おご》り）に対応する。ギリシア人のヒュブリスは彼等の怒り易い性質を離れて存しなかったであろう。

名誉心と虚栄心との区別が曖昧になり、怒の意味が曖昧になった今日においては、たといアイロニイは稀《まれ》になっていないとしても、少くともその効用の大部分を失った。

肉慾《にくよく》的な愛も永続する場合
次第に浄化されて一層高次の
愛に高まってゆくことができる。
そこに愛というものの神秘がある。

愛の道は上昇の道であり、
そのことがヒューマニズムの
観念と一致し易《やす》い。
すべてのヒューマニズムの根柢《こんてい》には
エロティシズムがあるといえるであろう。

孤独の何であるかを知っている者のみが
真に怒ることを知っている。

人間の条件について

どんな方法でもよい、自己を集中しようとすればするほど、私は自己が何かの上に浮いているように感じる。いったい何の上にであろうか。

虚無の上にというのほかない。

自己は虚無の中の一つの点である。この点は限りなく縮小されることができる。しかしそれはどんなに小さくなっても、自己がその中に浮き上っている虚無と一つのものではない。

生命は虚無でなく、虚無はむしろ人間の条件である。けれどもこの条件は、恰《あたか》も一つの波、一つの泡沫《ほうまつ》でさえもが、海というものを離れて考えられないように、それなしには人間が考えられぬものである。

人生は泡沫の如《ごと》しという思想は、その泡沫の条件としての波、そして海を考えない場合、間違っている。しかしまた泡沫や波が海と一つのものであるように、人間もその条件であるところの虚無と一つのものである。

生命とは虚無を掻《か》き集める力である。それは虚無からの形成力である。虚無を掻き集めて形作られたものは虚無ではない。虚無と人間とは死と生とのように異っている。しかし虚無は人間の条件である。


人間の条件として他の無数のものが考えられるであろう。例えば、この室、この机、この書物、或《あ》るいはこの書物が与える知識、またこの家の庭、全体の自然、或いは家族、そして全体の社会……世界。このいくつかの言葉で表わされたものは更に無数の要素に分解することができる。それら無数の要素は互に関係している。

また人間というものも、その身体も、その精神も、それらの要素と同じ秩序のものに限りなく分解することが可能である。そして一つの細胞にとって他のすべての細胞は条件であり、一つの心象にとって他のすべての心象は条件である。これらの条件は他のあらゆる条件と関係している。かようにどこまでも分解を進めてゆくならば、条件以外に何等か人間そのものを発見することは不可能であるように思われる。

私は自己が世界の要素と同じ要素に分解されてしまうのを見

生命は虚無でなく、
虚無はむしろ
人間の条件である。

る。しかしながらそれにも拘《かかわ》らず私が世界と異る或るものとして存在することは確かである。人間と人間の条件とはどこまでも異っている。このことは如何《いか》にして可能であろうか。

物が人間の条件であるというのは、それが虚無の中において初めてそのような物として顕《あら》われるということに依《よ》ってである。言い換えると、世界――それを無限に大きく考えるにせよ、無限に小さく考えるにせよ――が人間の条件であることにとって虚無はそのアプリオリ（※先天的、生得的）である。虚無という人間の根本的条件に制約されたものとして、それ自身虚無に帰し得るもの、いな、虚無であるものとして、世界の物は人間の条件である。

かようにして初めて、人間は世界と同じ要素に、それらの要素の関係に、限りなく分解され得るにしても、人間と世界との間に、人間と人間の条件との間に、どこまでも区別が存在し得るのである。

虚無が人間の条件でないならば、如何にして私の自己は世界の要素と根本的に区別される或るものであり得るであろうか。

虚無が人間の条件或いは人間の条件であるものの条件であるところから、人生は形成であるということが従ってくる。自己は形成力であり、人間は形成されたものであるというのみではない、世界も形成されたものとして初めて人間的生命にとって現実的に環境の意味をもつことができるのである。

生命はみずから形として外に形を作り、物に形を与えることによって自己に形を与える。かような形成は人間の条件が虚無であることによって可能である。

世界は要素に分解され、人間もこの要素的世界のうちへ分解され、そして要素と要素との間には関係が認められ、要素そのものも関係に分解されてしまうことができるであろう。

この関係はいくつかの法則において定式化することができるであろう。しかしかような世界においては生命は成立することができない。何故であるか。生命は抽象的な法則でなく、単なる関係でも、関係の和でも積でもなく、生命は形であり、しかるにかような世界においては形というものは考えられないからである。

形成は何処《どこ》か他のところから、即《すなわ》ち虚無から考えられねばならぬ。形成はつねに虚無からの形成である。形の成立も、形と形との関係も、形から形への変化もただ虚無を根柢《こんてい》として理解することができる。そこに形というものの本質的な特徴がある。

古代は実体概念によって思考し、近代は関係概念或いは機能概念（函数《かんすう》概念）によって思考した。新しい思考は形の思考でなければならぬ。

形は単なる実体でなく、単なる関係乃至《ないし》機能でもない。形はいわば両者の綜合《そうごう》である。関係概念と実体概念とが一つであり、実体概念と機能概念とが一つであるところに形が考えられる。

以前の人間は限定された世界のうちに生活していた。その住む地域は端から端まで見通しのできるものであった。その用いる道具は何処の何某が作ったものであり、その技倆《ぎりょう》はどれほどのものであるかが分っていた。

また彼が得る報道や知識にしても、何処の何某から出たものであり、その人がどれほど信用のできる男であるかが知られていた。

このように彼の生活条件、彼の環境が限定されたものであったところから、従って形の見えるものであったところから、人間自身も、その精神においても、その表情においても、その風《ふう》貌《ぼう》においても、はっきりした形のあるものであった。つまり以前の人間には性格があった。

生命とは
虚無を掻き集める力である。

しかるに今日の人間の条件は異っている。現代人は無限定な世界に住んでいる。私は私の使っている道具が何処の何某の作ったものであるかを知らないし、私が拠《よ》り所にしている報道や知識も何処の何某から出たものであるかを知らない。

すべてがアノニム（無名）のものであるというのみでない。すべてがアモルフ（無定形）のものである。かような生活条件のうちに生きるものとして現代人自身も無名な、無定形なものとなり、無性格なものとなっている。

ところで現代人の世界がかように無限定なものであるのは、実は、それが最も限定された結果として生じたことである。交通の発達によって世界の隅々まで互に関係附けられている。私は見えない無数のものに繋《つな》がれている。孤立したものは無数の関係に入ることによって極めてよく限定されたものとなった。実体的なものは関係に分解されることによって最も厳密に限定されたものとなった。

この限定された世界に対して以前の世界がむしろ無限定であるといわねばならぬであろう。しかしながらそれにも拘らず今日の世界は無限定である、関係的乃至函数的には限定されているにしても、或いはむしろそのように限定され尽した結果、形としては却《かえ》って無限定なものになっている。

この無限定が実は特定の限定の仕方の発達した結果生じたものであるところに、現代人の無性格といわれるものの特殊な複雑さがある。

今日の人間の最大の問題は、かように形のないものから如何にして形を作るかということである。この問題は内在的な立場においては解決されない。なぜならこの無定形な状態は限定の発達し尽した結果生じたものであるから。そこに現代のあらゆる超越的な考え方の意義がある。

形成は虚無からの形成、科学を超えた芸術的ともいうべき形成でなければならぬ。一種芸術的な世界観、しかも観照的でなくて形成的な世界観が支配的になるに至るまでは、現代には救済がないといえるかも知れない。

現代の混乱といわれるものにおいて、あらゆるものが混合しつつある。対立するものが綜合されてゆくというよりもむしろ対立するものが混合されてゆくというのが実際に近い。この混合から新しい形が出てくるであろう。

形の生成は綜合の弁証法であるよりも混合の弁証法である。私のいう構想力の論理は混合の弁証法として特徴附けられねばならぬであろう。

混合は不定なものの結合であり、その不定なものの不定性の根拠は虚無の存在である。あらゆるものは虚無においてあり、且《か》つそれぞれ特殊的に虚無を抱いているところから混合が考えられる。

虚無は一般的な存在を有するのみでなく、それぞれにおいて特殊的な存在を有する。混合の弁証法は虚無からの形成でなければならぬ。

カオスからコスモスへの生成を説いた古代人の哲学には深い

真理が含まれている。重要なのはその意味をどこまでも主体的
に把握することである。

私は見えない無数のものに繋《つな》がれている。
孤立したものは無数の関係に
入ることによって
極めてよく限定されたものとなった。

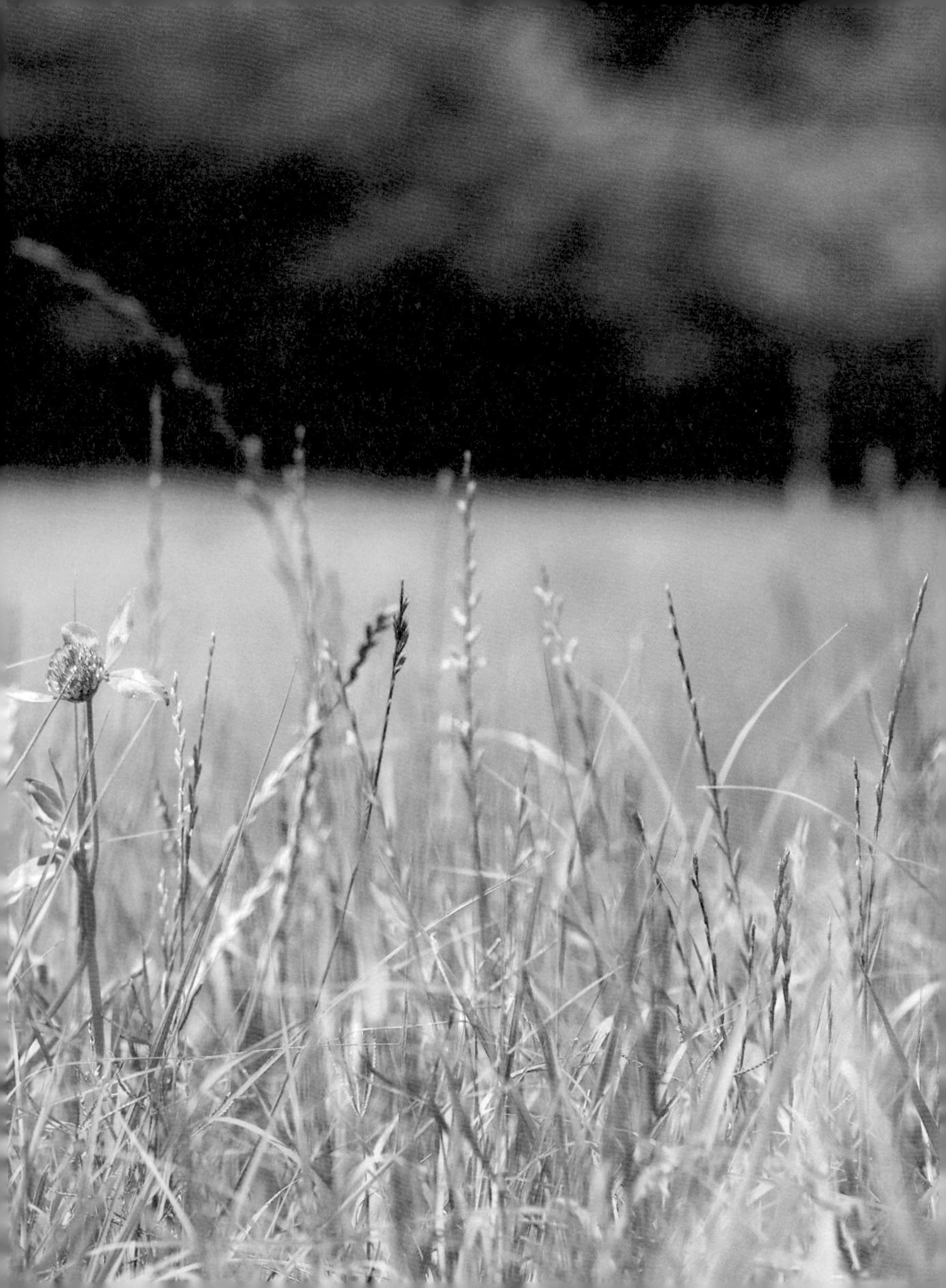

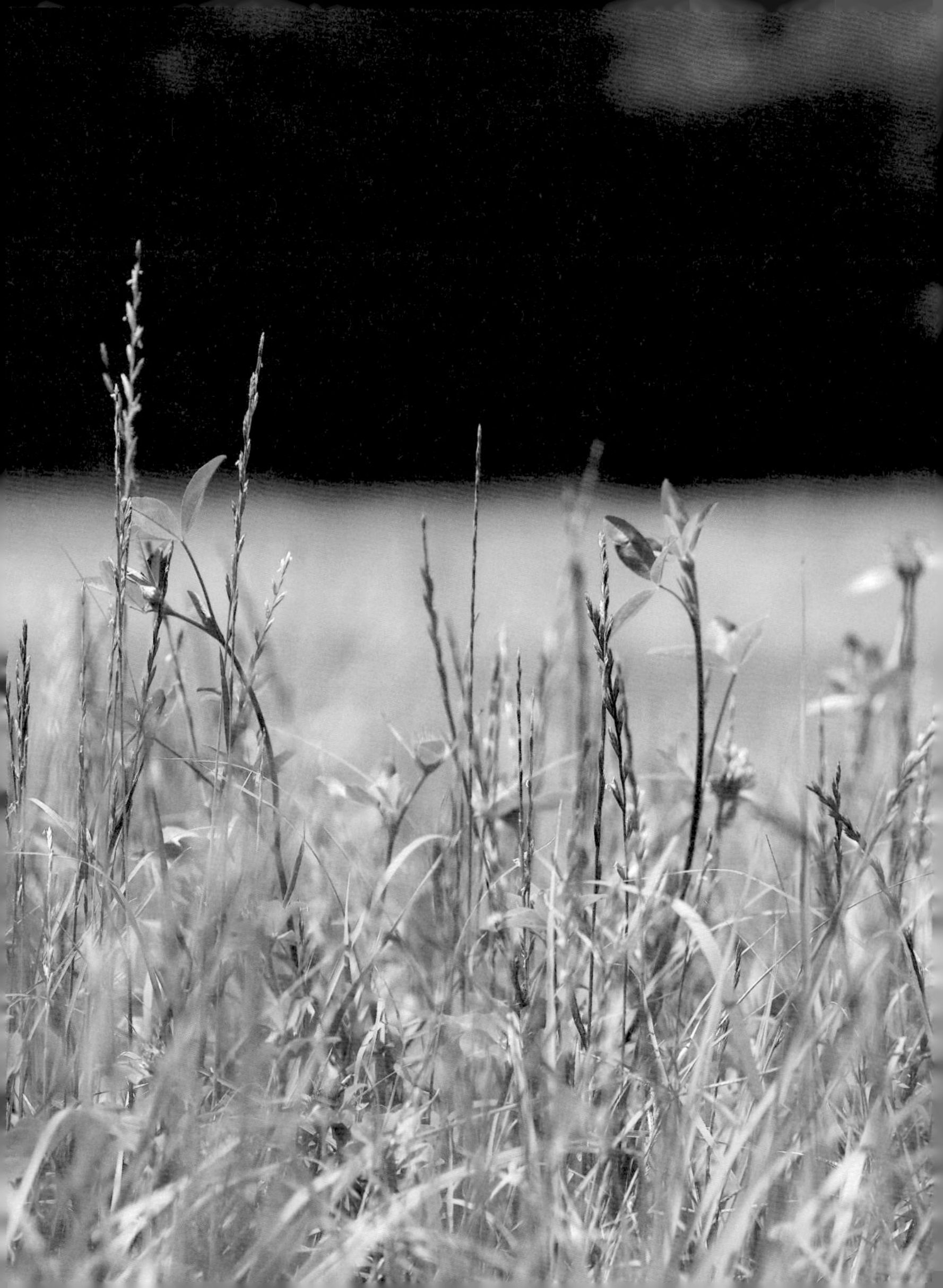

対立するものが綜合されてゆく
というよりもむしろ
対立するものが混合されてゆく
というのが実際に近い。
この混合から
新しい形が出てくるであろう。

孤独について

「この無限の空間の永遠の沈黙は私を戦慄《せんりつ》させる」（パスカル）。

孤独が恐しいのは、孤独そのもののためでなく、むしろ孤独の条件によってである。恰《あたか》も、死が恐しいのは、死そのもののためでなく、むしろ死の条件によってであるのと同じである。しかし孤独の条件以外に孤独そのものがあるのか。死の条件以外に死そのものがあるであろうか。

その条件以外にその実体を捉《とら》えることのできぬもの、——死も、孤独も、まことにかくの如《ごと》きものであろうと思われる。しかも、実体性のないものは実在性のないものといえるか、またいわねばならないのであるか。

古代哲学は実体性のないところに実在性を考えることができなかった。従ってそこでは、死も、そして孤独も、恰も闇《やみ》が光の欠乏と考えられたように、単に欠乏（ステレーシス）を意味するに過ぎなかったであろう。

しかるに近代人は条件に依《よ》って思考する。条件に依って思考することを教えたのは近代科学である。だから近代科学は死の恐怖や孤独の恐怖の虚妄《きょもう》性を明かにしたのでなく、むしろその実在性を示したのである。

孤独というのは独居のことではない。独居は孤独の一つの条件に過ぎず、しかもその外的な条件である。

むしろひとは孤独を逃れるために独居しさえするのである。隠遁者《いんとんしゃ》というものはしばしばかような人である。

孤独は山になく、街にある。一人の人間にあるのでなく、大勢の人間の「間」にあるのである。孤独は「間」にあるものとして空間の如きものである。

「真空の恐怖」――それは物質のものでなくて人間のものである。

孤独は内に閉じこもることではない。孤独を感じるとき、試みに、自分の手を伸して、じっと見詰めよ。孤独の感じは急に

孤独が恐しいのは、
孤独そのもののためでなく、
むしろ孤独の条件によってである。

迫ってくるであろう。

孤独を味うために、西洋人なら街に出るであろう。ところが東洋人は自然の中に入った。彼等には自然が社会の如きものであったのである。東洋人に社会意識がないというのは、彼等には人間と自然とが対立的に考えられないためである。

東洋人の世界は薄明の世界である。しかるに西洋人の世界は昼の世界と夜の世界である。昼と夜との対立のないところが薄明である。薄命の淋しさは昼の淋しさとも夜の淋しさとも性質的に違っている。

孤独には美的な誘惑がある。孤独には味いがある。もし誰もが孤独を好むとしたら、この味いのためである。孤独の美的な誘惑は女の子も知っている。孤独のより高い倫理的意義に達することが問題であるのだ。

その一生が孤独の倫理的意義の探求であったといい得るキェルケゴールでさえ、その美的な誘惑にしばしば負けているのである。

感情は主観的で知性は客観的であるという普通の見解には誤《ご》謬《びゅう》がある。むしろその逆が一層真理に近い。感情は多くの場合客観的なもの、社会化されたものであり、知性こそ主観的なもの、人格的なものである。

真に主観的な感情は知性的である。孤独は感情でなく知性に属するのでなければならぬ。

真理と客観性、従って非人格性とを同一視する哲学的見解ほど有害なものはない。かような見解は真理の内面性のみでなく、また特にその表現性を理解しないのである。

いかなる対象も私をして孤独を超えさせることはできぬ。孤独において私は対象の世界を全体として超えているのである。孤独であるとき、我々は物から滅ぼされることはない。我々が物において滅ぶのは孤独を知らない時である。

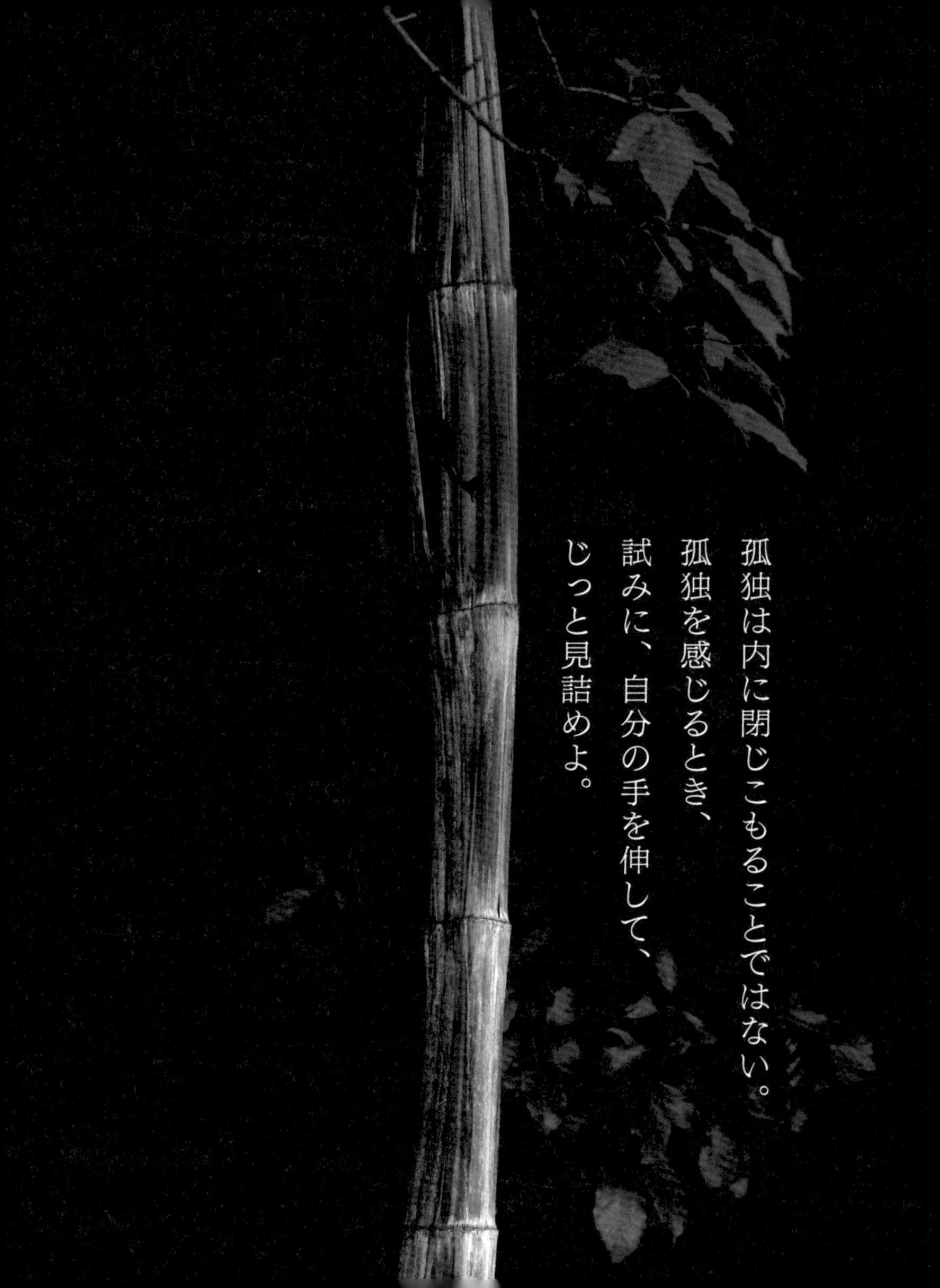

孤独は内に閉じこもることではない。
孤独を感じるとき、
試みに、自分の手を伸して、
じっと見詰めよ。

孤独には美的な誘惑がある。
孤独には味いがある。
もし誰もが孤独を好むとしたら、
この味いのためである。

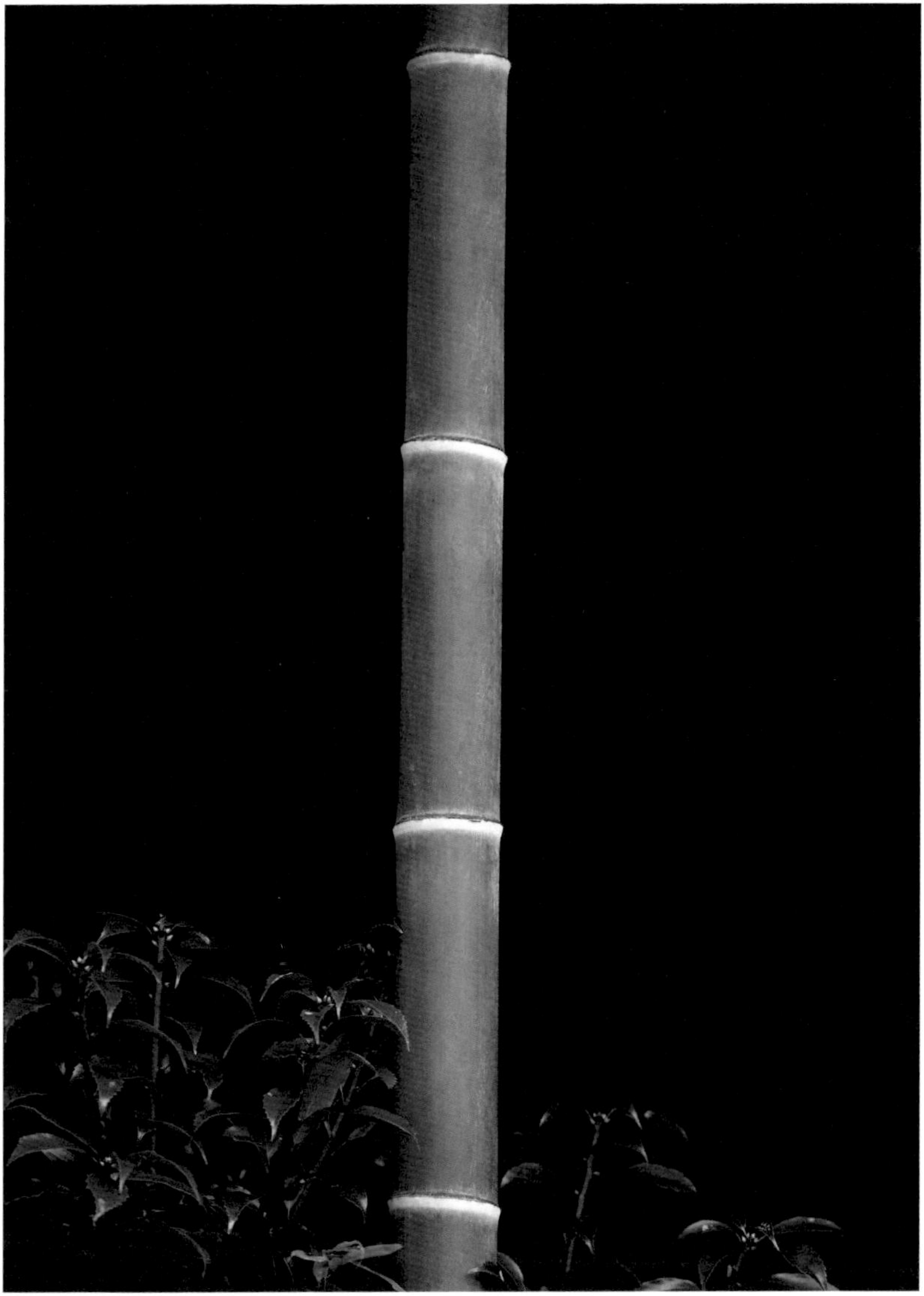

物が真に表現的なものとして我々に迫るのは孤独においてである。そして我々が孤独を超えることができるのはその呼び掛けに応《こた》える自己の表現活動においてのほかない。

アウグスティヌスは、植物は人間から見られることを求めており、見られることがそれにとって救済であるといったが、表現することは物を救うことであり、物を救うことによって自己を救うことである。

かようにして、孤独は最も深い愛に根差している。そこに孤独の実在性がある。

かようにして、
孤独は最も深い愛に根差している。
そこに孤独の実在性がある。

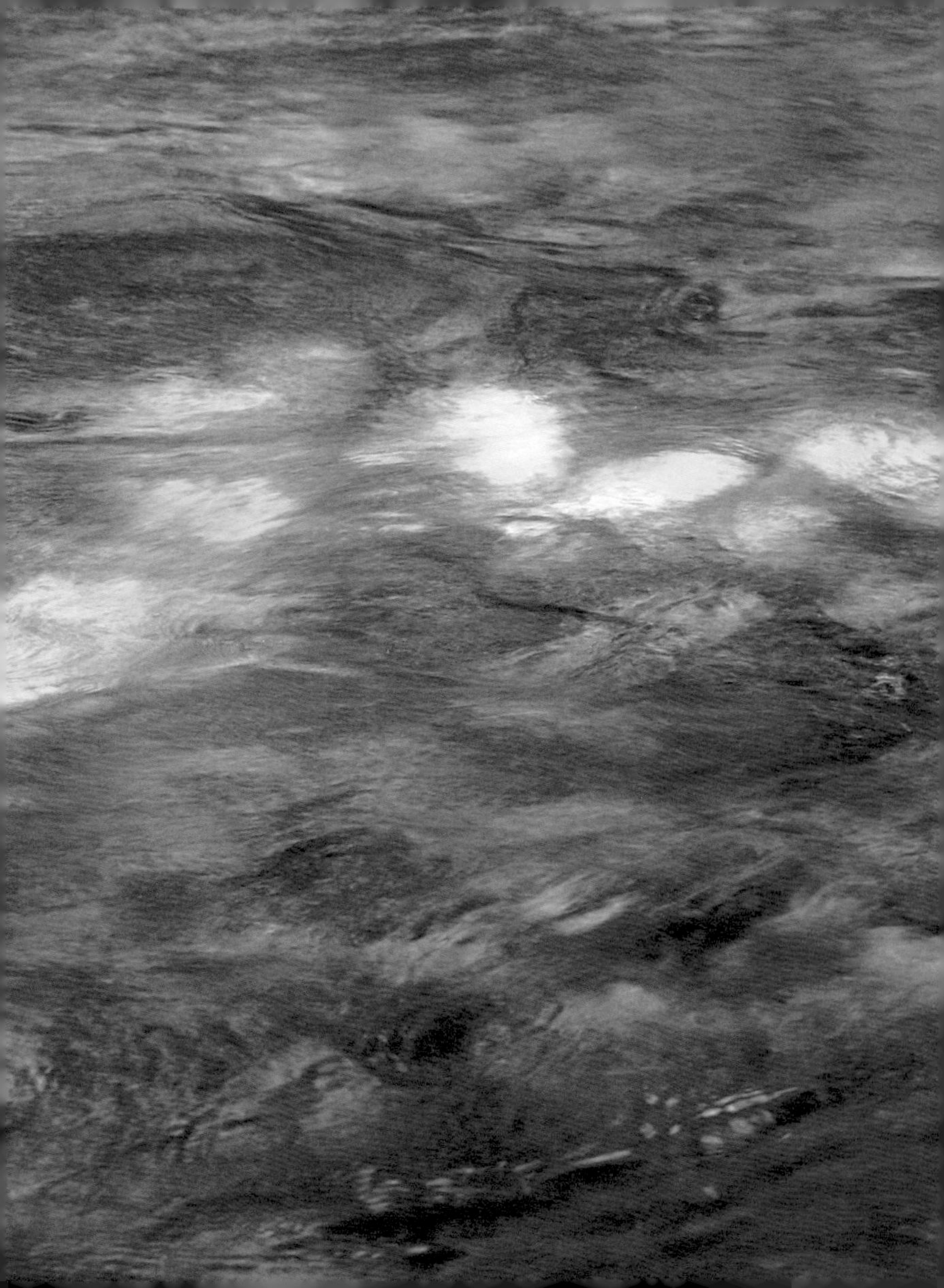

嫉妬《しっと》について

もし私に人間の性の善であることを疑わせるものがあるとしたら、それは人間の心における嫉妬の存在である。嫉妬こそベーコンがいったように悪魔に最もふさわしい属性である。なぜなら嫉妬は狡猾《こうかつ》に、闇《やみ》の中で、善いものを害することに向って働くのが一般であるから。

どのような情念でも、天真爛漫《らんまん》に現われる場合、つねに或る美しさをもっている。しかるに嫉妬には天真爛漫ということがない。愛と嫉妬とは、種々の点で似たところがあるが、先《ま》ずこの一点で全く違っている。

即《すなわ》ち愛は純粋であり得るに反して、嫉妬はつねに陰険である。それは子供の嫉妬においてすらそうである。

愛と嫉妬とはあらゆる情念のうち最も術策《じゅっさく》的である。それらは他の情念に比して遥《はる》かに持続的な性質のものであり、従ってそこに理智の術策が入ってくることができる。また逆に理智の術策によってそれらの情念は持続性を増すのである。如何《いか》なる情念も愛と嫉妬とほど人間を苦しめない、なぜなら他の情念はそれほど持続的でないから。

この苦しみの中からあらゆる術策が生れてくる。しかも愛は嫉妬の混入によって術策的になることが如何に多いか。だから術策的な愛によってのほか楽しまない者は、相手に嫉妬を起させるような手段を用いる。

嫉妬は平生は「考え」ない人間にも「考え」させる。

愛と嫉妬との強さは、それらが烈《はげ》しく想像力を働かせることに基いている。想像力は魔術的なものである。

ひとは自分の想像力で作り出したものに対して嫉妬する。愛と嫉妬とが術策的であるということも、それらが想像力を駆り立て、想像力に駆り立てられて動くところから生ずる。しかも嫉妬において想像力が働くのはその中に混入している何等かの愛に依《よ》ってである。

嫉妬の底に愛がなく、愛のうちに悪魔がいないと、誰が知ろ

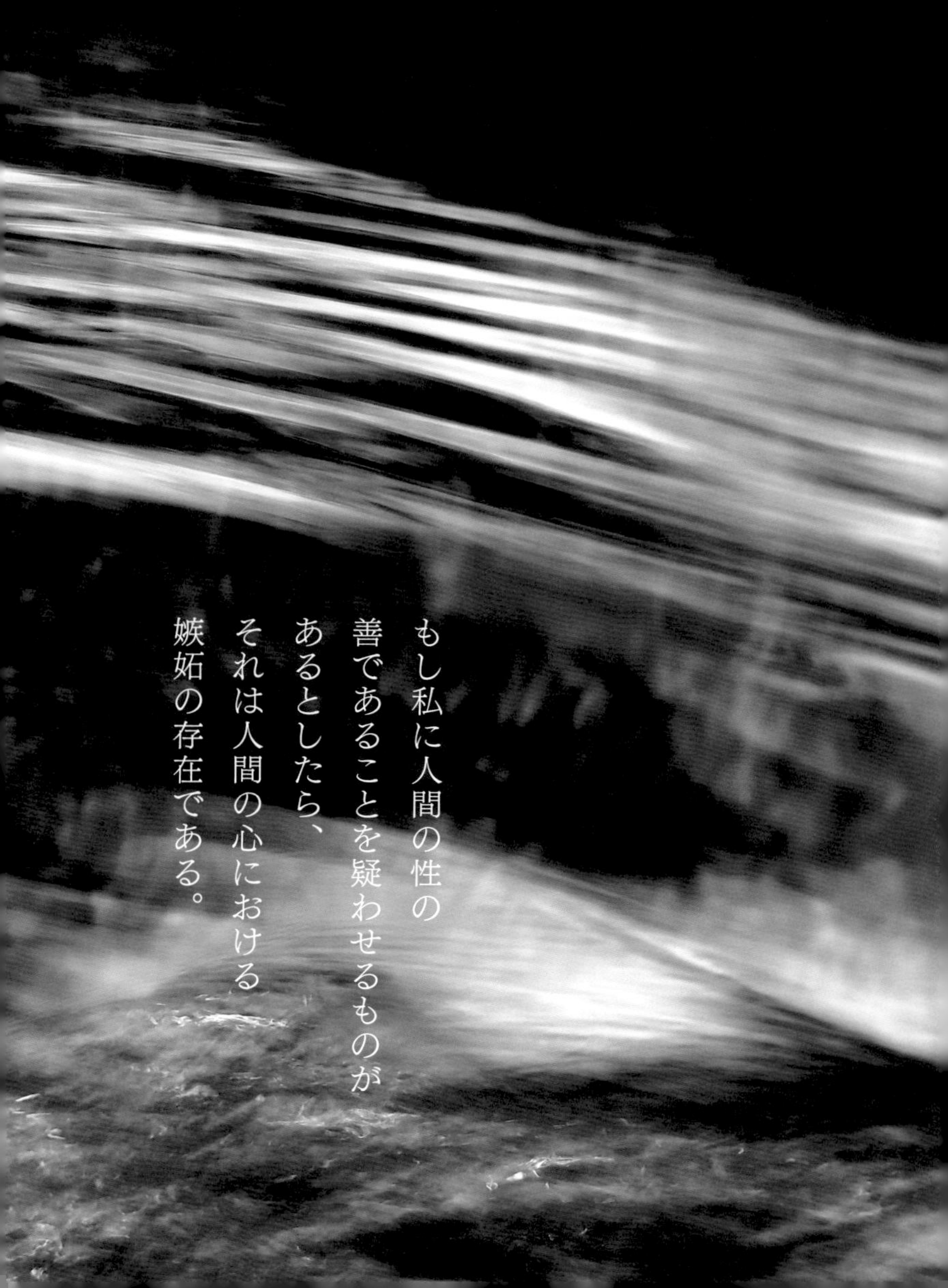

もし私に人間の性の
善であることを疑わせるものが
あるとしたら、
それは人間の心における
嫉妬の存在である。

うか。

嫉妬は自分よりも高い地位にある者、自分よりも幸福な状態にある者に対して起る。だがその差異が絶対的でなく、自分も彼のようになり得ると考えられることが必要である。全く異質的でなく、共通なものがなければならぬ。

しかも嫉妬は、嫉妬される者の位置に自分を高めようとすることなく、むしろ彼を自分の位置に低めようとするのが普通である。嫉妬がより高いものを目差しているように見えるのは表面上のことである、それは本質的には平均的なものに向っているのである。

この点、愛がその本性においてつねにより高いものに憧《あこが》れる

ひとは
自分の想像力で
作り出したものに対して
嫉妬する。

のと異っている。

かようにして嫉妬は、愛と相反する性質のものとして、人間的な愛に何か補わねばならぬものがあるかの如《ごと》く、絶えずその中に干渉してくるのである。

同じ職業の者が真の友達になることは違った職業の者の間においてよりも遥かに困難である。

嫉妬は性質的なものの上に働くのでなく、量的なものの上に働くのである。特殊的なもの、個性的なものは、嫉妬の対象とはならぬ。

嫉妬は他を個性として認めること、自分を個性として理解す

嫉妬は
自分よりも高い地位にある者、
自分よりも幸福な状態にある者に
対して起る。

ることを知らない。一般的なものに関してひとは嫉妬するのである。これに反して愛の対象となるのは一般的なものでなくて特殊的なもの、個性的なものである。

嫉妬は心の奥深く燃えるのがつねであるにも拘《かかわ》らず、何等内面性を知らぬ。

嫉妬とはすべての人間が神の前においては平等であることを知らぬ者の人間の世界において平均化を求める傾向である。

嫉妬は出歩いて、家を守らない。それは自分に留《とど》まらないで絶えず外へ出てゆく好奇心のひとつの大きな原因になっている。嫉妬のまじらない無邪気な好奇心というものは如何に稀《まれ》であるか。

一つの情念は知性に依ってよりも他の情念に依って一層よく制することができるというのは、一般的な真理である。英雄は嫉妬的でないという言葉がもしほんとであるとしたら、彼等においては功名心とか競争心とかいう他の情念が嫉妬よりも強く、そして重要なことは、一層持続的な力になっているということである。

功名心や競争心はしばしば嫉妬と間違えられる。しかし両者の差異は明瞭《めいりょう》である。

先ず功名心や競争心は公共的な場所を知っているに反し、嫉妬はそれを知らない。嫉妬はすべての公事を私事と解して考える。嫉妬が功名心や競争心に転化されることは、その逆の場合よりも遥かに困難である。

嫉妬はつねに多忙である。嫉妬の如く多忙で、しかも不生産的な情念の存在を私は知らない。

もし無邪気な心というものを定義しようとするなら、嫉妬的でない心というのが何よりも適当であろう。

自信がないことから嫉妬が起るというのは正しい。尤《もっと》も何等の自信もなければ嫉妬の起りようもないわけであるが。しかし嫉妬はその対象において自己が嫉妬している当の点を避けて他の点に触れるのがつねである。

嫉妬は詐術《さじゅつ》的である。

嫉妬心をなくするために、自信を持てといわれる。だが自信は如何にして生ずるのであるか。自分で物を作ることによって。嫉妬からは何物も作られない。

人間は物を作ることによって自己を作り、かくて個性になる。個性的な人間ほど嫉妬的でない。個性を離れて幸福が存在しないことはこの事実からも理解されるであろう。

しかも嫉妬は、嫉妬される者の位置に
自分を高めようとすることなく、
むしろ彼を自分の位置に
低めようとするのが
普通である。

自信がないことから嫉妬が起る
というのは正しい。

尤《もっと》も
何等の自信もなければ
嫉妬の起りようもないわけであるが。

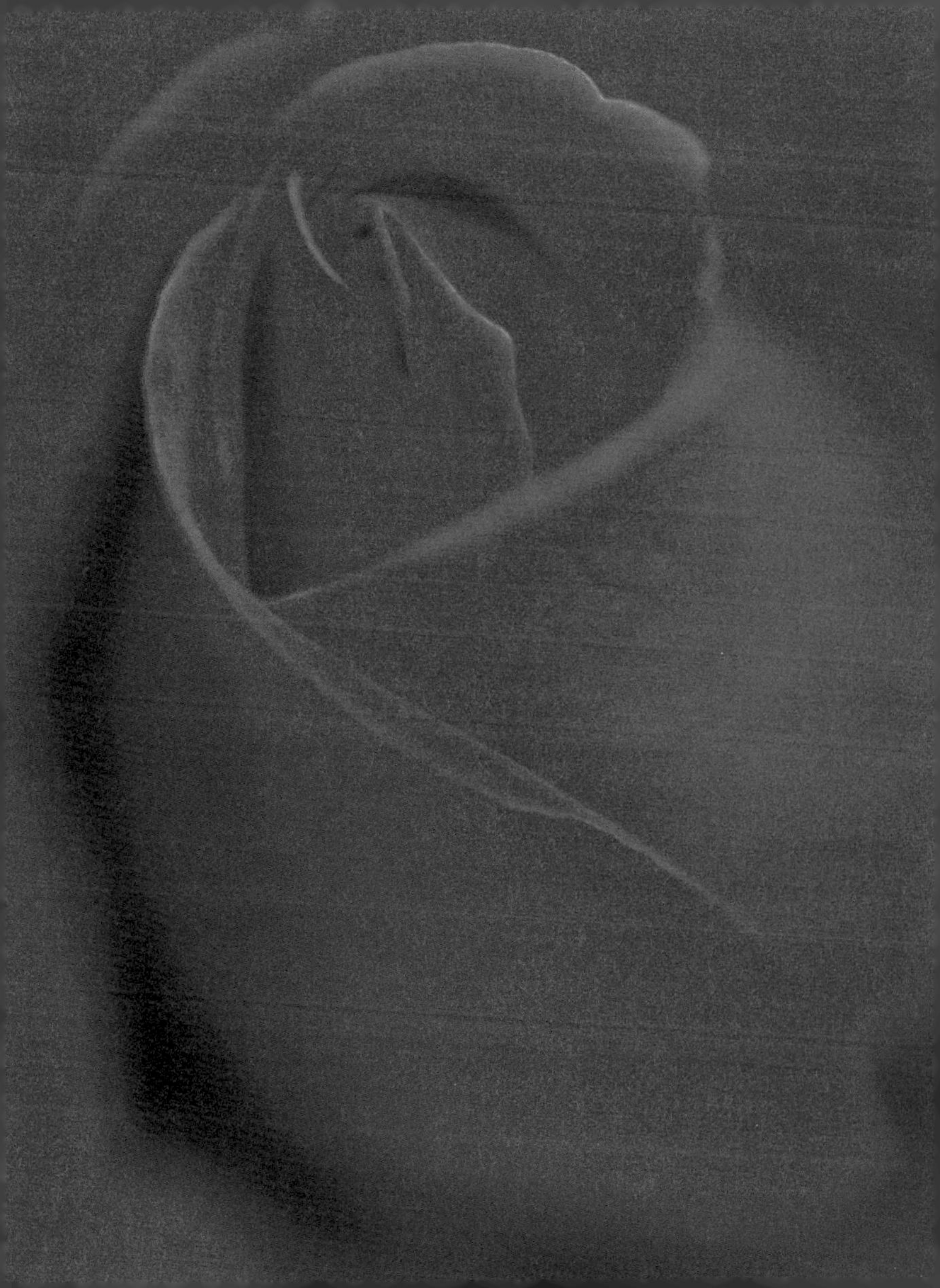

成功について

今日の倫理学の殆《ほとん》どすべてにおいて置き忘れられた二つの最も著しいものは、幸福と成功というものである。しかもそれは相反する意味においてそのようになっているのである。即《すなわ》ち幸福はもはや現代的なものでない故《ゆえ》に。そして成功はあまりに現代的なものである故に。

古代人や中世的人間のモラルのうちには、我々の意味における成功というものは何処《どこ》にも存しないように思う。彼等のモラルの中心は幸福であったのに反して、現代人のそれは成功であるといってよいであろう。

成功するということが人々の主な問題となるようになったと

き、幸福というものはもはや人々の深い関心でなくなった。

成功のモラルが近代に特徴的なものであることは、進歩の観念が近代に特徴的なものであるのに似ているであろう。実は両者の間に密接な関係があるのである。近代啓蒙《けいもう》主義の倫理における幸福論は幸福のモラルから成功のモラルへの推移を可能にした。成功というものは、進歩の観念と同じく、直線的な向上として考えられる。しかるに幸福には、本来、進歩というものはない。

中庸は一つの主要な徳であるのみでなく、むしろあらゆる徳の根本的な形であると考えられてきた。この観点を破ったところに成功のモラルの近代的な新しさがある。

成功のモラルはおよそ非宗教的なものであり、近代の非宗教的な精神に相応している。

成功と幸福とを、不成功と不幸とを同一視するようになって以来、人間は真の幸福が何であるかを理解し得なくなった。自分の不幸を不成功として考えている人間こそ、まことに憐《あわ》れむべきである。

他人の幸福を嫉妬《しっと》する者は、幸福を成功と同じに見ている場合が多い。幸福は各人のもの、人格的な、性質的なものであるが、

成功するということが
人々の主な問題となるようになったとき、
幸福というものは
もはや人々の
深い関心でなくなった。

成功は一般的なもの、量的に考えられ得るものである。だから成功は、その本性上、他人の嫉妬を伴《ともな》い易《やす》い。

幸福が存在に関《かか》わるのに反して、成功は過程に関わっている。だから、他人からは彼の成功と見られることに対して、自分では自分に関わりのないことであるかのように無関心でいる人間がある。かような人間は二重に他人から嫉妬されるおそれがあろう。

Streber——このドイツ語で最も適切に表わされる種類の成功主義者こそ、俗物中の俗物である。他の種類の俗物は時として気紛《きまぐ》れに俗物であることをやめる。しかるにこの努力家型の成

成功と幸福とを、
不成功と不幸とを
同一視するようになって以来、
人間は真の幸福が何であるかを
理解し得なくなった。

功主義者は、決して軌道をはずすことがない故に、それだけ俗物として完全である。

シュトレーバーというのは、生きることがそもそも冒険であるという形而上学的《けいじじょうがく》真理を如何《いか》なる場合にも理解することのない人間である。想像力の欠乏がこの努力家型を特徴附けている。

成功も人生に本質的な冒険に属するということを理解するとき、成功主義は意味をなさなくなるであろう。成功を冒険の見地から理解するか、冒険を成功の見地から理解するかは、本質的に違ったことである。

成功主義は後の場合であり、そこには真の冒険はない。人生は賭《かけ》であるという言葉ほど勝手に理解されて濫用《らんよう》されているも

自分の不幸を
不成功として考えている人間こそ、
まことに憐《あわ》れむべきである。

のはない。

一種のスポーツとして成功を追求する者は健全である。

純粋な幸福は各人においてオリジナルなものである。しかし成功はそうではない。エピゴーネントゥム（追随者風）は多くの場合成功主義と結び附いている。

近代の成功主義者は型としては明瞭《めいりょう》であるが個性ではない。古代においては、個人意識は発達していなかったが、それだけに型的な人間が個性的であるということがあった。個人意識の発達した現代においては却《かえ》って、型的な人間は量的な平均的な人間であって個性的でないということが生じた。

現代文化の悲劇、或《ある》いはむしろ喜劇は、型と個性との分離にある。そこに個性としては型的な強さがなく、型としては個性的な鮮かさのない人間が出来たのである。

成功のモラルはオプティミズム（※楽観論）に支えられている。それが人生に対する意義は主としてこのオプティミズムの意義である。オプティミズムの根柢《こんてい》には合理主義或いは主知主義がなければならぬ。しかるにオプティミズムがこの方向に洗煉《せんれん》された場合、なお何等か成功主義というものが残り得るであろうか。

成功主義者が非合理主義者である場合、彼は恐るべきである。

他人の幸福を嫉妬《しっと》する者は、
幸福を成功と同じに
見ている場合が多い。

近代的な冒険心と、合理主義と、オプティミズムと、進歩の観念との混合から生れた最高のものは企業家的精神である。古代の人間理想が賢者であり、中世のそれが聖者であったように、近代のそれは企業家であるといい得るであろう。少くともそのように考えらるべき多くの理由がある。しかるにそれが一般にはそのように純粋に把握されなかったのは近代の拝金主義の結果である。

もしひとがいくらかの権力を持っているとしたら、成功主義者ほど御し易いものはないであろう。部下を御してゆく手近かな道は、彼等に立身出世のイデオロギーを吹き込むことである。

私は今ニーチェのモラルの根本が成功主義に対する極端な反感にあったことを知るのである。

一種のスポーツとして
成功を追求する者は
健全である。

純粋な幸福は
各人においてオリジナルなものである。
しかし成功はそうではない。

三木清（みき　きよし）
哲学者。評論家。1897（明治30）年〜1945（昭和20）年。京都帝国大学哲学科で西田幾太郎、波多野精一らに学び、欧州に留学しハイデッガーに師事。帰国後、「パスカルに於ける人間の研究」を発表、ヒューマニズムに根差した独自の思想を示して若い世代に多大な影響を与えた。法政大学教授となり「唯物史観と現代の意識」なども注目されるが、1930（昭和5）年に治安維持法違反容疑で検挙され教職を退く。以降、軍国主義、ファシズムに抗する言論活動を展開。「人生論ノート」は日中戦争最中の1938（昭和13）年から太平洋戦争開戦直前の1941（昭和16）年11月まで文芸誌に連載され、書籍化後、戦中、戦後、現在まで続くロングセラーの「名著」となった。1945（昭和20）年に再び治安維持法違反で投獄され、終戦の8月15日以後も釈放されず、重篤化する病気の手当もされぬまま、9月26日に獄中にて死去。

大川裕弘（おおかわ　やすひろ）
1944年千葉県松戸市生まれ。1969年写真家高橋克郎氏に師事。1979年大川写真事務所を設立。以降、フリーランスフォトグラファーとして、広告写真および女性誌を中心とした雑誌媒体で活動。日本広告写真家協会（APA）会員。関わった雑誌媒体は、「婦人画報」「美しいキモノ」「ヴァンサンカン」「和樂」「サライ」「陶磁郎」「ノジュール」など多数。

著書
『藤本能道の色絵』（智美術館）『京都　美の気配』（ピエ・ブックス）『水風景』（原書房）『やきものの里めぐり』（JTBパブリッシング）『幸之助と伝統工芸』（美術出版社）『加藤唐九郎志野』（双葉社）『陰翳礼讃』『茶の本』『「いき」の構造』（すべてパイインターナショナル）など。

＊　本書は『人生論ノート』の前半11題を掲載しています。

人生論ノート PART 1

二〇二四年七月二三日　初版第一刷発行

著者　三木清
写真　大川裕弘
編　谷村鯛夢（編集工房・鯛夢）
デザイン　淡海季史子
校正　ぷれす
制作進行　諸隈宏明

発行人　三芳寛要
発行元　株式会社パイインターナショナル
〒170-0005 東京都豊島区南大塚2-32-4
TEL　03-3944-3981
FAX　03-5395-4830
sales@pie.co.jp

印刷・製本　株式会社サンニチ印刷

ISBN 978-4-7562-5886-1 C0070　Printed in Japan